現代に生きる教会

対話・共生・平和

森野善右衛門

新教出版社

目 次

目次

目次

Ⅰ　論　座

福音の〈真理〉に立ち、教会の〈一致〉を求めて

『時の徴』の第一号が創刊されたのは、一九七七年一〇月であり、本号で一二〇号を重ねた。その間に三二年の歩みを経て来たことになる。その出発点は、一九七六年の春に有志の集まりによって開かれた「教団と神学教育を考える会」であり、その会の代表であった井上良雄氏を発行責任者として続刊されて来た。二〇〇三年六月一〇日、井上氏が主の御許に召され、それ以後、第一〇一号（二〇〇三年九月）からは、代表者を置かず、編集同人の合議による発行委員会の責任で発行され、今日に至っている。

その出発点における志は、「現在の教団の諸問題を、単に政治主義的に収拾することではなく、あくまで神学的に（問題を）考え抜き、追求することを求める」という呼びかけの言葉に表明されている。

この志がどれだけ貫徹され、問題の解決をもたらしたかは、なお検討の余地があるが、この数年間の教団の混迷と閉塞状態を見るにつけ、『時の徴』に与えられた使命はまだ終わっていないという思いが深い。そこで提起されている問題に答えるためには、教団

はいかなる教会であるか、また教会はだれに（何に）従って歩むべきであるか、が明らかにされる必要があると思う。

ドイツ告白教会の戦いを担って、草創期の世界教会運動にかかわったボンヘッファーは、「告白教会と世界教会」（一九三五年七月）という歴史に残る論文を書き、その中で、〈ただ一致の中にのみ真理がある〉が、しかし同時に、〈その一致は真理においてのみ可能である〉という二つの相即する命題を提示した。

今日の教団もまた、聖書に証されている福音の真理に立ち、キリストの道に従う教会として歩むところから、合同教会としての日本基督教団の明日への希望が開かれるのではないか。

（『時の徴』一二〇号、二〇〇九年五月、巻頭言）

キリスト教ジャーナリズムの使命

今日におけるキリスト教ジャーナリズムの衰退の現実を憂うる者として、『時の徴』一三三号（二〇一二年一〇月）に筆者は以下のように記したことがある。

「かつては「聖書と教会」（教団出版局）、「開拓者」「大学キリスト者」（ＹＭＣＡ同盟）、「月刊キリスト」（教文館）、「キリスト教教育」（ＮＣＣ教育部）などの月刊誌が発行されて、イエス・キリストの出来事に基づいて、この世の出来事の伝達と解釈に論陣を張った時代があった。

しかし今日では、右にあげたキリスト教の月刊誌はすべて姿を消して、わずかに『福音と世界』（新教出版社）が孤軍奮闘しているように思われ、その論調もしめり勝ちである。一般の教会員は、教会内外のニュースや出来事を、どこから知り、それらに対してどういう態度決定をすべきなのかが不分明な時代になって来ている。キリスト教ジャーナリズムを担う人たちの一段の奮起を望みたいところである」

キリスト教出版ジャーナリズムの世界でも、大先達のひとりであった秋山憲兄氏が、二〇一三年一二月二五日に、九六才で主の許に召され、筆者は「惜別の辞」を『キリスト新聞』二〇一四年四月号に寄稿したが、そこで秋山さんが若き日に記された「キリスト教ジャーナリズムの使命」という一文を紹介した（一六一頁参照）。そこに言論出版人としての秋山さんの初心が示されているように思われるので左に引用したい。

キリスト教ジャーナリズムは、ジャーナリズムの領域において、間接的に、言いかえれば、この世のもろもろの出来事を正しく伝達し、そのもろもろの問題に、あの（イエス・キリストの）唯一の出来事の光を照射させることによって、そこに隠されている真の現実を明らかにし、読者がこの世の出来事に対して正しい態度決定ができるようにしなければならない。……キリスト教ジャーナリズムは、教団の御用新聞的なものであってはならない。否、むしろ、キリスト教ジャーナリズムは、神のことばにのみ服従することによって、かえって常に自由でありつつ、制度化された教団当局の発言・行動を見守るべきであろう。（『婦人新報』八〇〇号　一九六七年）。

『時の徴』の使命の重さを思わざるをえない。

（『時の徴』一四〇号、二〇一四年六月、巻頭言）

教団の伝道論を問う

第三九回教団総会に向けて

今年（二〇一四年）一〇月に開かれる日本基督教団第三九回総会を前にして、関東教区主催の「教団問題協議会」が七月一二日（土）に上尾合同教会で開かれ、「教団の取り組む伝道――「改定宣教基礎理論」「伝道推進室」「伝道資金」」のテーマで、石橋秀雄教団議長の講演、熊江秀一関東教区副議長の報告があり、六三名の参加者があった。この会に出席して感じたことを、教団総会議長と全教団の牧師・信徒のみなさんに向けて「教団の伝道論」をめぐって問題提起して見たい。

教団第三三回開拓伝道協議会（二〇〇二年九月四日）での筆者の発題「教会はどこに立つか」（一二三―一三八頁参照）、また『時の徴』（第一三三号　二〇一二年一〇月）に掲載された「教会はどこに立ち、何によって生きるか――第三八回教団総会に向けて」（九六―一〇九頁参照）も参照されたい。

「世のためにある教会」という視点の欠落

「教団改定宣教基礎理論」とその第二次草案を読んで、そこで「伝道に熱くなる教団」という目標が掲げられているのは結構なことだが、そこでの筆者の懸念は、そこで掲げられている「伝道」が、教会のための伝道、低下した教会の教勢を挽回するための伝道、ということで考えられ、現「宣教基礎理論」にある「キリストに仕えるゆえにこの世に奉仕する教会」――「世のためにある教会」という線がむしろ後退しているのではないか、ということである。

『明日への教会　聖霊と信徒の世紀を聞く』（キリスト新聞社刊、二〇一〇年）の帯封に筆者は次のような一文を提示した。「教会はどこに立ち、誰のためにあるのか。教会は〈世の出来事（歴史）の中にある神の民〉（カール・バルト）である。エキュメニカル運動一〇〇年、そして戦後六五年を教会はどのように歩んで来たのか。その歴史の記憶（記録）と反省が、これからの教会のあり方を考えるためにも必要なことではないか。」

「教会革新」の六〇年代

一九五七年に神学校を卒業して、教団の教師としての一歩をふみ出した筆者にとって、宣教基本方策（一九六一年）と宣教基礎理論（一九六三年）がつくられた一九六〇年代は、日本プロテスタント宣教一〇〇年（一九五九年）を中心に、「教会革新」の気運が高まり広まった時期であったことが、今も鮮やかに想起される。そこで求められたのは、教会の伝道の第一の主体は、教会ではなくて神御自身であり（ミッシオ・デイ）、教義が第一にあるのではなく、神の働きがこの世に救いをもたらし、人間を「弟子」として選び出し、そこで教会が形づくられるのだという考え方である。そこで教会は、自己目的として教会のためにあるのではなく、キリストの民として世のために存在する。

このような流れの中で、カトリック教会の「第二バチカン公会議」（一九六二〜六五年）が開かれて、「福音の源泉（キリストと聖書）への回帰と教会の刷新（アジョルナメント）」が提唱され、エキュメニカル運動の流れの中から、「教会の生命（ライフ）と使命（ミッション）」という課題が提起され、「教団戦責告白」が公表された（一九六七年）。

「改定宣教基礎理論」は、このような歴史の流れに逆行し（「戦後レジームからの脱却」！）、「神→世界→教会」と考える「神の宣教」（ミッシオ・デイ）論を否定して、「神→教会→世界」と考える一九世紀的な「教勢拡張主義的宣教論」に逆戻りしようとしていると言わざるを得ない。そこから教団内の秩序を強調し、大教会中心の統制的・中央集権的な教会論・宣教論が生み出されて来るのではないか？「伝道局」の設置がその第一歩とならないことを切望する。

教会はどこに立つか

ディートリッヒ・ボンヘッファーが、その若き日にベルリン大学神学部でした講義「教会の本質」（一九三二年夏学期、二六歳）で、「教会のあるべき場所はどこか」と問い、「それはキリストが現にいます場所である」として、そのような教会は、「歴史的な尺度によれば、ローマ時代のガラリヤや、また一六世紀のウィッテンベルクがそうであったように、まったく辺境に位置することもありうるし、その場合に〈辺境〉が世界の〈中心〉となるのである」と語っている（邦訳一五頁）。

東京ではなくて、北海道が、また沖縄が、日本の中心となる。辺境から見る時に、日本が見え、世界が見えて来る。キリストは、この世のもっとも小さい者、貧しい者と共に歩まれた。そのようなキリストに注目するとき、教会のあるべき場所はどこにあるのかが見えて来るのではなかろうか。

（『時の徴』一四一号、二〇一四年九月二〇日）

戦後七〇年を問う

戦後七〇年とは何であったか

新しく迎えた今年二〇一五年は、第二次大戦後七〇年になる年である。それは一九三一年の「満州事変」、三七年の「支那事変」(日中戦争)、四一年の「大東亜戦争」と続く「昭和の一五年戦争」が日本の敗戦をもって終った年から七〇年でもある。

この戦争を体験した人たちも少しずつ世を去り、世の指導者が安倍首相をはじめ戦争を知らない戦後世代に交代しつつあるこの年に、「日本人にとって戦後七〇年とは何であったのか」「そこから現代に生かすべき教訓は何か」が改めて問われる年になったのである。「靖国問題」を中心にして、最近の読書の中から考えさせられた問題を述べてみたいと思う。

靖国神社参拝の思想

安倍首相は、その第二次政権成立一年になる二〇一三年一二月二六日に、「国のために戦い尊い命を犠牲にされて、そこに祀られている〈御英霊〉に対して感謝と尊敬の思いを表明するために」靖国神社に参拝し、中国・韓国などアジア諸国だけでなく、それは戦後の平和秩序に対する挑戦でもあるとして、アメリカ政府からも「失望した」という反応を引き起こした。その前にアメリカ政府は、二〇一三年一〇月三日に来日したケリー米国務次官、ヘーゲル米国防長官の両者をして、東京千鳥ヶ淵戦没者墓苑を訪れて献花させることによって、首相の靖国参拝は認められないというメッセージを日本政府に送っていたにもかかわらずである。

韓国・中国などが強く批判しているのは、死者に対する追悼ではなく（それはどの国でも行っていることである）、靖国神社境内の遊就館に展示されている陳列物の解説などに表示されている、日本の近・現代における戦争は全て自衛のための戦争であるとして肯定している〈靖国神社の歴史観〉である。安倍首相の靖国神社参拝は、「そのような靖国神社の〈聖戦史観〉を支持し、戦後の平和秩序をご破算にする誤った歴史認識に基づいている」（内田雅敏『靖国参拝の何が問題か』平凡社新書、二〇一四年、特にその第一章

「靖国参拝の思想」参照)。

歴史の反省から新しい未来へ

安倍首相は、過去二年の全国戦没者追悼式の式辞で、九〇年代以降の歴代首相が表明して来た日本の「アジアへの加害責任」に触れなかった。戦後七〇年に当たり、安倍首相は新しい談話を出すというが、もし安倍談話が式辞のように日本の過去の戦争責任の表明を素通りしてしまったらどうなるのか。

そこで問われているのは、単なる個人的な信念の表明だけでなく、かつて日本が国として犯したアジア諸国に対する侵略行為に対する責任と反省をどう思うかという「歴史認識と反省」の問題である。そのことを公に表明することを通して初めて、アジア諸国との友好への道が開かれることを、戦後七〇年の今日に当たって銘記すべきである。

安倍首相がよく主張している「戦後レジームからの脱却」が、「戦争の放棄」を定めた憲法九条を改変して、「集団的自衛権の行使承認」(二〇一四年七月一日の閣議決定)の方向に進むとすれば、それは大きな問題である。現に二〇一二年四月に発表された自民党の「日本国憲法改正草案」では、第二章の標題「戦争の放棄」は「安全保障」と改変されている。

憲法九条（戦争の放棄）を堅持し、その精神を「二一世紀世界のモデル」（オーバビー）として世界に広めることが、日本の国際貢献の第一に来るべきではないか（二月二六日、関東教区靖国天皇制問題委員会ニュース）。

（『上毛通信』第七九号、二〇一五年五月一日）

教団の会議制を問う

五月六日（水）、埼玉和光教会で開かれた「危機に瀕した会議制」をテーマとする関東教区と教団を考える緊急集会に出席して、「教団伝道資金規則」「改訂宣教基礎理論第二次草案」「教団総会での教憲教規軽視」の三点について、それぞれ飯塚拓也、最上光宏、和田献一三氏の問題提起がなされ、「会議制」の問題を中心として、合同教会としての教区・教団の危機とその克服の方途をめぐって、率直な意見の交換と対話の時があった。

統理制から会議制へ

会議制は、現在の教憲第四条に「本教団は教憲および教規の定めるところに従って、会議制によりその政治を行う」と定められているが、一九四一年の戦時下に成立した合同時の教団規制を見ると、教団の制度としては、合議制とは異質な、「教団統理者ハ本教団ヲ統理シ之ヲ代表ス」（三九条）と掲げる「統理制」をとっているのに注意すべきであり、戦後になっての第四回教団総会（一九四六年）で初めて「統理制」から「会議制」への移行が選択されたのである。

したがってそこでは、歴史的教会がとって来た諸制度のいずれかをそのまま踏襲するのではなく、それぞれの教会の歴史的特質と伝統を尊重しつつ新しい教団体制を求めていくところに「開かれた合同教会」としての教団の将来があると考えるべきであろう。

神の伝道——教会の伝道

二〇一四年度の三九回教団総会で制定された「伝道資金規則」の第一条に「本教団は、……教団信仰告白と教憲教規の定めるところに従って『伝道資金規則』を制定する」とあるのに問題を感じる。そこで問われるのは、伝道計画の主体は誰であるのかということである。教団の「伝道推進室」が伝道の主体ではなく、伝道資金をもらったところから伝道が始まるのでもない。

伝道の第一次的な主体は神自身であり（＝神の伝道）、神に選ばれ、キリストの招きを受けた教会が、また教会の肢である主の民（＝信徒）が、伝道の第二次的な主体である。神・キリストの招きが先にあり、それに応答する群として教会が形成され、使命に生きる教会として、この世への派遣がなされるのである。

ここで六〇年代の教団の伝道をめぐる論議で強調された「教団は教区に仕え、教区は教会に仕える」という言葉が記憶され、回復されなければならないと思う。

罪責を告白する教会からの出発

ここで宗教改革者たちによって打ち出された「キリストのみ」「聖書のみ」「信仰のみ」というプロテスタント教会の三大原則に注目する。

（一）キリストとそれを証しする聖書（カノン）が上に立つ権威であり、

（二）教会の信仰告白（クレドー）はそれへの応答であり、キリストの福音を世に伝えるために、

（三）教憲教規（オルドー）が教会によってつくられ、用いられる。「カノン」―「クレドー」―「オルドー」、この順序と内的関連に留意することが大切であり、このことによって、「絶えず改革される教会」の形成が目ざされるのであり、「罪責を告白する教会」がその出発点である。（関東教区『罪責を告白する教会――真の合同教会を目指して』二〇一四年、参照）。

開かれた合同教会を目ざして

この一〇年来、教団では常議員選挙で今まで用いられて来た少数連記の方法が全数連記に変えられたが、それによって閉鎖的な統制集団が形成されることを憂慮する。選挙の基本原則は一人一票であり、全数連記ではなく、せめて以前のような少数連記の方法に戻されることが望ましい。そのことによって、「開かれた合同教会の形成」が可能となるのではないかと思う。

（『上毛通信』八〇号、二〇一五年七月一日）

兄弟キリスト

「教会の本質」講義（一九三二年、ベルリン大学夏学期）の中でボンヘッファーは、学位論文「聖徒の交わり」（一九二七年）以来の「教会として実存するキリスト」という基本命題をさらに展開させて、教会は組織＝制度である前に、キリストを「かしら」とするその「からだ」であり、そこでキリストは教会の「主」であると共に、われわれにとっての「友」であり「兄弟」でもある、というところまでその考察を進めています。その場合の拠り所となっているのは、

「わたしはぶどうの木、あなたがたはその枝である。」（ヨハネ一五・五）

「あなたがたにわたしが命じることを行なうならば、あなたがたはわたしの友である。」（ヨハネ一五・一四）

などのイエスの言葉です。そしてボンヘッファーは、そこからさらに一歩進んで、イエ

スが弟子たちを「僕」とは呼ばないで「友」であると言われた時、そこでイエスはわたしたちの「兄弟」となられたのだ、と語っているところに注目させられます。

　キリストはわれわれの兄弟である。しかしそのゆえに、われわれにとっては今や兄弟もまたキリストになることができるのである。他者が自らを人格として全く求めあるいは与えるところでは、兄弟はわたしにとってのキリストとなるのである。このことは、キリストとの同一性は決して絶対的ではないということを意味している。そのことは、具体的なできごととしてわたしに起こるのである。〈わたしが空腹であったとき、あなたがたはわたしに食べさせ……〉（マタイ二五・三五以下）（ボンヘッファー『教会の本質』森野訳、新教出版社、一九七六年、四三―四四頁）。

　カール・バルトもまた、マタイ二五・三一以下のイエスの譬、特に「わたしの兄弟であるこれらの最も小さい者のひとりにしたのは、すなわちわたし（イエス）にしたのである」（四〇節）を引用して、

　この譬が語っているように、教会は、ディアコニーにおいて、はっきりと〈最も

小さい者〉と連帯する。そしてそれらの兄弟たちにおいて、イエス・キリストを告白するのである。（井上良雄編『地上を旅する神の民　バルト「和解論」の教会論』（新教出版社、一九九〇年、二六六頁）、

と言っています。特にここで、教会のディアコニー（奉仕的実践）に関するイエスの言葉が、教会のキリスト告白の問題としてとらえられているのに注目して下さい。そこで「バルト―ボンヘッファーの線」に立つ時に、キリストに対する信仰告白と、キリストに従う教会の倫理とは、不可分の事柄として結びつけて考えられている、ということが重要なのです。そしてこのこととの関連でルター『キリスト者の自由』（一五二〇年）の中の印象深い一節が思い起こされます。

　キリストがわたしたちのためになりたもうように、わたしもまたわたしの隣人のために一人のキリストとなろう。（石原謙訳、岩波文庫、四二頁）

　このようなキリストにある兄弟共同体としての教会のあり方、その具体的問題については、ボンヘッファー『共に生きる生活』（一九三九年）の中に生き生きと叙述されてい

て、感銘を受けます。

弱い者や見ばえのしない者、見たところ役に立たないと思われる者を、キリスト者の共同体から閉め出すことは、まさに貧しい兄弟の姿をとって戸を叩きたもうキリストを閉め出すことを意味するのである。だからわたしたちは、ここでその点をよく注意すべきである。（森野訳、新教出版社、二〇〇四年改訳新版）

ここでボンヘッファーは明らかに、当時のドイツの教会におけるユダヤ人差別と排除のことを考えていたのです。そうすることによって教会は、「一つの、聖なる、公同の」キリストにある教会、すなわちエキュメニカルな広がりを持つ「開かれた」共同体であることから変じて（裏切って）、救いの可能性はただ自分の属する群の教義・信条・規則によってのみあると排他的に主張する「分派」（セクト）へと自分を追いやることになるのだと考えたのです。

（『ボンヘッファー研究』二六号から）
（『上毛通信』第五七号、二〇一〇年六月一日）

「開かれた合同教会」を求めて

戒規か対話か

北村慈郎牧師（前教団紅葉坂教会牧師）は、洗礼を受けていない者への配餐を行ったために、二〇一〇年、教団から戒規処分を受けて牧師職を免じられた。この処分を不当として提訴された裁判は、二〇一四年六月六日、最高裁上告棄却によって終結した。しかしそれによってこの事件は一件落着したのではない。つまり司法は北村牧師の「免職」処分を正しいと判決したのではなく、教会の信仰と神学にかかわる問題として、裁判所はその判断を教団に委ねたのであり、ボールは教団に投げ返された。ここから教団内での責任ある論議と対話が新しく起こされ、始められるべき時が来たのである。

聖餐の問題については、すでに日本基督教団宣教研究所編『聖餐』が教団出版局から一九八七年に出版され、そこでは大崎節郎氏を座長とする五氏が執筆し、非受洗者の陪餐の問題が、エキュメニカルな視点から取り上げられていて参考になる。そこでは議論はなお継続中なのであり、大崎氏が結びで語っているように、教団はひとつの「合同教会」であり、「途上にある旅人の教会」として「教団が今日の日本にある主の教会にふさわしく形成されるために、今後ともお互いに努力していきたいものと思います。」（二六二頁）。

新しい対話が始められるべき時

それから二〇年を経た二〇〇八年に、山口雅弘編著『聖餐の豊かさを求めて』、また『聖餐・イエスのいのちを生きる、五七人の発言』が新教出版社から出版され、筆者も「聖餐――開放されている〈主の食卓〉」という一文を前書に寄稿した。そして今年「北村慈郎牧師〈免職〉裁判」の上告棄却を経て、『戒規か対話か』という新著が「聖餐をめぐる日本基督教団への問いかけ」として、北村慈郎牧師の処分撤回を求め、開かれた合同教会をつくる会編で新教出版社から出版され、筆者も求められて、「本のひろば」五月号にその書評を寄稿した（四八―五一頁参照）。

二月二〇日（土）には、本書の出版記念対話集会が早稲田奉仕園で開かれて筆者も参加したが、全国から六六名の信徒、教職が出席して活発な討論が行なわれた。「開かれた合同教会」としての明日の教団の形成のために、新しい対話が始められ、対論の輪がここから全教団的に広げられて行くことが期待される。

「開かれた合同教会」の形成を求めて

二〇一五年四月一八日開催の「北村慈郎牧師を支援する会」の総会で、従来からの会の名称が「北村慈郎牧師の処分撤回を求め、開かれた合同教会をつくる会」と変更され、以下のような五項目が、今後の対話のテーマとして宣言された。

一、北村慈郎牧師の免職処分の即時撤回と教団牧師としての復権を求めます。
二、聖餐についての論議の場が設置されることを求めます。
三、「教団戦責告白」の教団史における意義を踏まえ、歴史に向い合う教団となることを求めます。
四、沖縄教区に対する謝罪と関係回復への具体的作業を求めます。
五、一方的な「公同教会」の主張を再考して「合同教会」の形成を求めます。

この「宣言」への賛同者は、二〇一六年四月一六日現在で、二九一五名に達している。教団は戦中の「統理制」から、戦後に「会議制」へと転換した（教憲第四条）。しかし今回の北村牧師「戒規免職」事件は、対話の欠如した教団の現状を露呈した。教団を本当に愛し大切に思うのであれば、「対話の復活」こそその新しい出発点である。

（『上毛通信』第八五号、二〇一六年七月一日）

未来世代への責任

栗林輝夫、内藤新吾、河合弘之ほか著・富坂キリスト教センター編『原発と宗教』

（A5判・二四〇頁・いのちのことば社）

本書は、富坂キリスト教センターの「脱原発と未来世代への責任研究会」の二〇一三年から二〇一六年にかけての研究成果をまとめて一書としたものである。

この研究会は、チェルノブイリ原発事故（一九八六年四月二十六日）の後に発足した「自然・科学技術・人間」研究会を継承するもので、キリスト教社会倫理の学際研究として、さまざまな専門領域の人たちの協力を得て、「脱原発と未来世代への倫理的責任」についての検証を行っている（担当主事・岡田仁氏の「はじめに」から）。

巻頭におかれている論文「核開発とキリスト教——〈テクノロジーの神学〉の視点から」の著者栗林輝夫氏は、『荊冠の神学——被差別部落解放とキリスト教』（新教出版社、一九九一年）で著名な神学者だが、二〇一四年一月二十五日、第三回研究会での本発表後の翌二〇一五年に亡くなられた。ここでは技術神学の視点から、原子力と原発についいてのいくつかの異なる評価が取り上げられていて、示唆的かつ論争的な論文である。
内藤新吾氏「宗教者として問う原発問題の深層」、
河合弘之氏「原発と宗教と倫理」、
吉田由布子氏「放射能汚染が未来世代に及ぼすもの――チェルノブイリから学ぶ」、
山田真氏「福島原発事故の医学的な問題」、
新藤宗幸氏「制度としての『原子力ムラ』」、
山口幸夫氏「未来世代のひとたちへ」、
兼松秀代氏「だまして進める核のごみ処分場――岐阜県瑞浪超深地層研究所の経過と現状」、
西岡由香氏「原爆・原発・再生可能エネルギー」、
中嶌哲演氏「〈核のない社会〉望見」、
安田治夫氏「新たな文化哲学へ向けて、シュペングラー以後――神学の究極課題としての原発問題」
全体で十一の寄稿文が並び、それぞれの視点から「原発問題」の現状と課題、未来社会への展望が考察されていて示唆的である。
そして終わりに、執筆者八名による座談会で「原発と宗教」をテーマとする討論がまとめられていて興味深い。

本書を手掛かりとして、たとえば以下のようなテーマでの話し合いが期待される。

1　「平和のための原子力」という言葉の内容の検討。一九五三年一二月八日、国連総会でのアイゼンハワー米大統領の演説「平和のための原子力」（アトムズ・フォー・ピース）を受けて、六〇年代から日本に積極的に原発が導入されるようになり、そのためさまざまな「安全神話」が作られたが、それらの「神話」は二〇一一年三月一一日の東京電力福島第一原発事故によってすべて崩壊し、日本人には根本的な反省と考え直しが求められている。

「核兵器」と「原発」は、「軍事利用」と「平和利用」とに分けて考えることのできない、コインの表と裏のように一体のものである。根本のところでつながっていることの認識が大切である（内藤新吾）。

2　原発使用の根本的問題は、高レベル放射性廃棄物処理である。ほんの半世紀ほどの短い間「核の平和利用」の電力を享受した反面、十万年の長きにわたる「核廃棄物の後始末」の方法に悩まされ、未来世代への「負の遺産」を残してよいのか（山口幸夫）。

3　戦後日本人の多くは経済第一で、倫理的視点が欠けている。戦後のドイツがフクシマ第一原発事故を教訓として、脱原発に大きく方向転換をしたことに学ぶべきではないか。「今だけ、金だけ、自分だけ」のような経済人が多いなかで、「それはおかしいではないか」と警告を発することができるのは宗教者であり、倫理学者なのではないかと思う（河合弘之）。

4　核兵器と原子力発電を含めて原子力を用いるということは、「自然破壊」につながり、自然と人間との共生のための「創造の秩序」に対する反逆行為である。

「原子力と人間」の問題に関心のある読者に、一読をお勧めする。

（『本のひろば』二〇一六年一二月号）

聖餐をめぐる日本基督教団への問いかけ

北村慈郎牧師の処分撤回を求め、開かれた合同教会をつくる会編『戒規か対話か』

（A5判・二〇八頁・新教出版社）

山口雅弘編著『聖餐の豊かさを求めて』、また『聖餐 イエスのいのちを生きる五七人の発言』の出版から八年、『北村慈郎牧師〈免職〉裁判』の上告棄却を経て再び、日本基督教団（以下、教団）への問いかけとして、本書が刊行された。

北村慈郎牧師（前教団紅葉坂教会）は、洗礼を受けていない者への配餐を行ったために、二〇一〇年、教団から戒規処分を受けて牧師職を免じられた。この処分を不当として、様々な立場の（クローズド聖餐の立場を採る者も含む）四〇名の信徒・牧師が、事件の問題性を多様な視点から考察し、教団が真に「開かれた合同教会」となることを訴えて本書を世に問うた。

内容は三部に分かれ、第一部「問題の所在」では、北村牧師自身の論考「私の〈戒規免職〉とは何か」、また「対話の糸口を求めて」と題する関田寛雄・渡辺英俊・岩井健作・禿準一・北村慈郎の五氏による座談会が来る。その中で関田氏（北村支援会代表）の発言が啓発的だ。同氏は、免職問題の背後に「教団内の権力闘争」があると指摘し、「今の教団のあり方はそういう建設的な内部批判を否定して、全く上意下達という、あえて言えばカルト宗教に似たような構造を持ち始めている」と批判する。また山北宣久牧師（前教団議長）が教団戦責告白以降の歴史を「荒野の四〇年」と総括したことを批判し、「決して『不毛の四〇年』ではなく、実に生産的な貴重な経験の四〇年であった。正に戦責告白から始まったこの動きをきちっと位置づけることなくして、教団の未来はない」と述べている。これは今後の対話を進めるための出発点を示している。

第二部の「応答」は、一．聖餐、二．戒規免職、三．対論に分かれているが、そこで心に残った発言をいくつか紹介したい。

私の所属する教会の聖餐式は、洗礼を受けた者だけに限られています。（中略）さて、そのあとで、『♪主の食卓を囲み―』とマラナタを歌うことがあります。（中略）一緒に食卓を囲んでいるにもかかわらず、そこでパンにも葡萄酒にも与れないということとか、さもなくば、各自は席にいながらにして、信徒のみ、見えざる食卓についているのか。いずれにしても、そうでない人とともにこの歌を歌うことに、私は率直に違和感を覚えています（中略）。未信者も礼拝に招き、ともに賛美し、ともにアーメンと祈りを合わせ、献金もささげさせたけれど、食事だけはご遠慮いただくのです。

（大島有紀子、教団本所緑星教会信徒）

現在の教団では、会議でも議論はなされず、質問要望は無視されると言ったように、対話が全然成立していない。（中略）教憲・教規で一人の教師を裁くのであれば、教団は教憲で定める会議制を実のあるものにしていただきたい。そして、立場、考えの異なる人とであっても、対話を大切にしていただきたい。対話が欠如していれば、伝道などとてもできないし、時には信徒を躓かせることもある。教団を本当に大切で思うのであれば、対話の復活こそ、そのキーワードではないだろうか。

（谷口尚弘、教団紅葉坂教会信徒）

北村慈郎牧師免職決定の広報を見たとき私の全身を貫いたものは、「儀文は人を殺し、霊は活かす」というパウロの言葉であった。（中略）現日本キリスト教団議長と執行部は「儀文の役者」としか思えないように堂々と、また粛々（現日本政府の権力者たちの愛用する言葉）と北村牧師を免職してしまったのだ（中略）。執行部は閉ざされた個人的な対話だけでなく、公然と対話の機会と場を設定し、真摯にこれらの質問に世界的な視野をもって答える努力を早急にしなければならないと思う。

（小野一郎、教団隠退教師）

二月二〇日（土）には、本書の出版記念対話集会が早稲田奉仕園で開かれ、全国から六六名の信徒・教職が出席して、櫻井重宣、大島有紀子、瀬戸英治三氏から発題がなされ、それに続いて活発な討論がなされた。「開かれた合同教会」としての明日の教団の形成のために、本書を手がかりとして、さらに全国的に対話の輪が広げられることが期待される。聖餐論を含めて教会の生命と使命をめぐる議論は今も継続中である。

（『本のひろば』二〇一六年五月号）

記憶・反省から友好・共生へ

群馬の森の「追悼碑」前で

今日は早朝から、第六回追悼集会のためにお集まりいただきまして、まことにありがとうございます。主催者を代表して挨拶をさせていただきます。

ここ県立公園群馬の森の一角に、朝鮮人・韓国人強制連行犠牲者追悼碑が建立され、除幕式と第一回の追悼集会が行われたのが二〇〇四年四月二四日でした。その後毎年一回四月に行われて来た追悼集会も今年で六回を重ねることになりました。

「群馬の森」という公有地に建てられたという点では全国初のケースとして注目され、この五年間に内外の多くの方々がお訪ね下さいました。

ちなみに第二号として、その翌年大阪市港区にある天保山公園内に、中国人強制連行受難者追悼碑が建てられ、二〇〇八年一一月には、第一一回追悼集会が開催されています。今年の二・一一集会で大阪に出向いた折に現地を訪ねて、関係者にお話を聞く機会があったことを報告させていただきます。中国・福建省に由来する御影石でつくられたその追悼碑には、「日中友好の碑　彰往察来」という碑文が刻まれています。二千年前の中国の古典「易経」にある言葉で、「過去を明らかにすることによって、未来を察することができる」という意味だそうで、そこにここ群馬の森の追悼碑「記憶　反省　そして友好」にこめられている願いと共通の精神が表現されているように思います。

わたしの愛読している塩野七生『ローマ人の物語』の中に、ローマ帝国の千年にわたる歴史の基をつくったユリウス・カエサルの残した有名な言葉が「内乱記」から引用紹介されています。「人間ならば誰にでも、現実のすべてが見えるわけではない。多くの人は、見たいと欲する現実しか見ていない」。しかし見たいと思う現実しか見ようとしない人は、真に歴史の未来を聞くことができないのだということを、ここでカエサルはローマの統治者と市民の両方に向けて戒めているのではないかと思うのです。

私が戦時中に受けた皇国民教育では、「負ける」という言葉は禁句でした。「尽忠報国」「皇運扶翼」が強調され、退却は「転進」、全滅は「玉砕」と美化されて、敗戦の現実は掩い隠され、中国人、朝鮮・韓国人強制連行の犠牲者を含む二千万人のアジアの人たちの生命が失われ、三百万を超える日本国民の犠牲の上に日本の敗戦――「大日本帝国」崩壊の日を迎えたのです。

このような歴史の過去を忘れることなく記憶にとどめ、同じ誤ちをくり返さないようにすることが、歴史の未来に対する私たちの責任ではないでしょうか。

ヨーロッパ歴訪中の米オバマ大統領が、四月五日チェコのプラハで演説し、「米国は核保有国として、しかも核兵器を投下したことのある唯一の核保有国として、核廃絶に向けて行動する道義的責任がある」と述べました。

ここまで踏み込んでアメリカの核廃絶に対する責任について述べた大統領は初めてであるという点で、これは歴史に残る演説となるでしょう。そこでは同時に、唯一の核被爆国としての日本の責任も問われていることを忘れてはなりません。

ところで、昨年秋、航空自衛隊トップの田母神俊雄幕僚長が「日本が侵略国家であったというのは正に濡れ衣だ」という主旨の論文を発表して更迭されました。「日本は相手国の了承を得ないで軍を進めたことはない」「日本は蒋介石により日中戦争に引きずり込まれた」「日本はルーズベルトの罠にはまり真珠湾攻撃を決行した」――ここにはまるで戦時中にタイムスリップしたような、独善的で歴史の事実を歪曲した歴史観・国家観が述べられていて問題を感じました。

「記憶　反省　そして友好」という群馬の森の追悼碑の碑文にこめられた私たちの思いは、アジアに対する日本の過去の侵略と植民地支配の歴史の記憶と反省の上に立ってこそ、真の友好と共生の未来を築くことができるのだという決意の表明です。このような運動がさらに全国各地に広げられ、同じ志を持つ人たちの連帯の絆が強められるよう、今後もご支援をよろしくお願いいたします。

（二〇〇九年四月一八日、第六回追悼集会でのあいさつ）

（『上毛通信』第五三号、二〇〇九年六月一日）

群馬の森「追悼碑」の存続のために

県立公園「群馬の森」の一角に、朝鮮人・韓国人強制連行犠牲者追悼碑が建てられ、除幕式と第一回追悼集会が行われたのが二〇〇四年四月二四日でした。その後毎年一回四月に行われてきた追悼集会も、昨年で一一回を重ね、このような施設が公有地に建てられたという点では全国初のケースとして注目され、この一〇年間に内外の多くの方々がお訪ね献花下さり感謝です。

ちなみに群馬の追悼碑建立の翌年（二〇〇五年）には、大阪市港区にある天保山公園内に、中国人強制連行受難者追悼碑が建てられ、そこには「日中友好の碑——彰往察来」という中国の古典「易経」から採られた碑文が刻まれています。その意味は、「往時を明らかにすることによって未来を察し、開いていくことが出来る」ということで、そこには、ここ群馬の森の追悼碑「記憶　反省　そして友好」に込められている願いと共通の精神が表現されているように思います。

群馬でこの追悼碑建立の市民運動が始められた一九九五年には、「戦後五〇年村山首相談話」が公表されて、日本の戦争による「植民地支配と侵略」の過去に対する「反省とおわび」が表明され、この談話はその後の内閣によって継承されて今日に至っています。群馬の森の追悼碑建立の意図もこの村山談話の精神につながるもので、この碑の背面に日本語とハングルで記された碑文にあるように、戦時下に自分の意志に反して苛酷な労働を強いられ、群馬の地で命を落とした朝鮮人・韓国人労働者の死を悼み、このような歴史の「記憶と反省」の上に立ってこそ真の「友好と共生の未来」を築くことができるのだという思いがそこに込められています。

そのような私たちの思いは、それから一〇年を経た今も変わっていません。一〇年という設定期限が定められていたことは、その一〇年で終わりになるという意味ではなく、一〇年を一応の区切りとして、更に次の一〇年、二〇年に向けて「私たちの思いを次の世代に引き継ぎ、更なるアジアの平和と友好の発展を願う」ためです。

私たち「守る会」は、同追悼碑の管理団体として、県内はもちろん、全国各地にある皆さん、そしてこの碑をめぐる動きに注目している韓国・朝鮮・中国はじめアジア各地の人々と心を一つにして、追悼碑の存続のために力を尽くす決意です。

（二〇一四年二月四日　前橋地裁での原告代表意見陳述）

（上毛通信第七八号、二〇一五年三月一日）

平和の創造

戦中から戦後へ

昭和の一ケタ生れであるわたしにとって、物心ついた時には、すでに昭和の「一五年戦争」が始まっていた。群馬での小中学校時代を通してこの戦争に「勝つ」ことだけを教えられ、そこで「全滅」は「玉砕」、「退却」は「転進」、大君のために「死ぬ」ことは悠久の大義に「生きる」ことだと美化して教えられた。

一九四五年八月一五日（大日本帝国崩壊の日）に一六歳であったわたしは、この日を「虚脱感」と「解放感」の入り混じった複雑な思いで迎えたが、この日を境目としての闇から光への転換の経験は、今も鮮明にわたしの心に刻まれている。

他面において戦後の数年間は、物質的にも精神的にも欠乏と飢えの時代であった。旧制松本高校から広島文理科大学生となったわたしは、心の飢えを充たすためにも、パスカル（『パンセ』）、カント（『永遠平和のために』）、カール・バルト（『啓示・教会・神学』）、内村鑑三（『余はいかにしてキリスト信徒となりしか』）などの書物をむさぼるように求めて読み、そして三年後の一九四八年に、群馬・緑野教会で木村平蔵牧師より洗礼を受けて、皇国民であることから転換して、キリスト信徒としての歩みを始めたのである。

日本国憲法九条との出会い

戦後日本の新しい出発点は、わたしが旧制高校三年生となった一九四七年五月三日に施行された日本国憲法の三本柱である（一）国民主権（二）基本的人権（三）平和主義（戦争の放棄）によく示されている。

特にその前文と第九条が要で、「政府の行為によって再び戦争の惨禍が起こることのないようにすることの決意」（前文）を込めて、日本が戦後世界に対してなした「不戦の誓い」（第九条）が掲げられたのである。大江健三郎氏の言うように、「この不戦の誓いを憲法から取り外せば……、なによりも、まずわれわれは、アジアとヒロシマ、ナガサキの犠牲者たちを裏切ることになるのです」（ノーベル文学賞受賞記念講演から、一九九四年一二月七日）。

そのころに読んだカント『永遠平和のために――哲学的改革』（高坂正顕訳）を最近読み直して見て、一七九五年、カント七二歳の時に著されたこの老哲学者の熱い思いに心を打たれた。

相共に生活する人々の間の平和状態は決して自然状態なのではない。自然状態はむしろ戦争状態である。……だから平和状態は樹立（つくり出）されなければならない。（二三頁）

平和とはあらゆる敵意の終末を意味し、それに対しては、「永遠なる」という形容詞を附加することさえ怪しむべき冗語と言えるのである。（一三頁）

ここには「山上の説教」の中にあるイエスの言葉「平和をつくり出す人たちはさいわいである」（マタイ五・九）が共鳴している。

安全保障ではなく平和を

ここでまた、戦時中のドイツで、ヒトラーに抵抗して三九歳の生涯を処刑死したボンヘッファーが、世界教会の青年協議会（一九三四年八月、デンマークのファネー）でした平和の呼びかけの一節が心に浮かぶ――「安全の道を通って〈平和〉に至る道は存在しない。なぜなら、平和は敢えてなされねばならないことであり、それは一つの偉大な冒険であるからだ。それは決して安全保障の道ではない。平和は安全保障の反対である。安全を求めるということは、（相手に対する）不信感を持っているということである。そしてこの不信感が、ふたたび戦争をひきおこすのである」（森野訳『告白教会と世界教会』一三九頁）。ここには、「剣を打ち替えてすきとせよ」という旧約のイザヤ預言（二・四）の一節が反映している。

正義・平和・共生

「イエス・キリスト、世のいのち――正義・平和・被造世界の保全（ＪＰＩＣ）」は、戦後の一九四八年に発足した世界教会協議会（ＷＣＣ）第六回大会（バンクーバー、一九八三年）の主題と副題であるが、ここには、戦後七〇年を迎えた今日の世界と教会にとっての最大にして緊急の課題が提示されているように思われる。

「キリストは私たちの平和であり、二つのものを一つにし、ご自分の肉において敵意という隔ての壁を取り壊し、多くの規則と戒律と律法を破棄されました」（エペソ人への手紙二・一四―一五、ニューバイブル訳）という聖書の言葉を心に刻みたい。

壁を築くことではなく、道を開くことが、平和の創造に至るのである。

（「新生」第三九巻冬号、二〇一七年一月二〇日）

未来世代への責任としての脱原発

三・一一東日本大震災に直面して

東日本大震災。それは今から六年前の二〇一一年三月一一日に起った。それは阪神大震災（一九九五年一月一七日）をはるかに超える、マグニチュード九・〇の大地震で、それに伴なう大津波と東京電力福島第一原発事故という「三重苦」の被害をもたらした。前二者は「天災」であるとしても、第三の福島第一原発事故による放射能汚染は、そのような事故の危険が予想された太平洋岸に何基も並べて原発を建設したことの責任が問われる「人災」であることは明らかである。

その日わたしは、仙台行の切符を買い求めるために前橋市内の旅行社に行った時にこの大震災に出会い、あわてて帰宅してテレビニュースを見て、この大震災が東日本にもたらした被害の大きさに呆然としたことが今も記憶に残っている。

原子力の「平和利用」と安全神話

戦後の日本では、原子力の「軍事利用」（＝核兵器）に対しては、広範な反核・平和運動が盛り上ったが（特に一九五四年三月一日の第五福竜丸のビキニ被爆事件以後）、原子力の「民事利用」とも言うべき原発の導入に対しては、五〇年代から積極的に受け入れて、国のエネルギー政策の根幹に原子力を導入して、六〇年代以降、「経済成長第一路線」を国策として推進して行った。

その始まりは、一九五三年一二月八日のアイゼンハワー米大統領の国連総会における「平和のための原子力」（アトムズ・フォー・ピース）演説であろう。そこで原子力の「軍事利用」（＝核兵器）とは区別して、その「民事利用」としての原発を「平和利用」と銘打って宣伝し、国のエネルギー政策の根幹に原子力を導入して行ったところに大きな問題があったと言わざるを得ない。

それは大学で核物理学を専攻し、「平和のための原子力」をよしとしていたわたし自身の反省でもあるのだが、「反核」を「反核兵器」に限定して、原子力発電を原子力エネルギーの「平和利用」として容認し、推進して来たことである。そこに六〇年代以後の「経済成長第一路線」に立つ「国策」があり、「〝クリーン〟で〝安全〟なエネルギーとしての、原子力（原発）」というイメージが大方に定着し、「原子力安全神話」が形成され、受け入れられることになったのである。

「原子力――明るい未来のエネルギー」（無人となった福島県双葉町の街路に事故後も掲げられ続けたポスターの標語）。しかしここには大きな言葉のまやかしがある。

地球は未来のこどもの家

しかし原子力エネルギーの利用は、決して「安全」でも「クリーン」でもないことは、その後の度重なる中小の事故の続発によって次第に明らかになって行ったのであり、特に米スリーマイル島の原発の放射能漏れ事故（一九七九年）を経て、旧ソ連のチェルノブイリ原発事故（一九八六年）が世界に大きな衝撃を与えた。

当時の日本では、ソ連の原発技術は劣悪だから事故が起こったのだとか、日本の原発は優秀だから絶対安全だとかいう論調が主流を占めて、根本的な事故対策に欠けるところに問題が残されたのである。

原発の使用が引き起こす最大の問題は事故ではなくて、そこから必ず排出され続ける放射性核廃棄物の最終的置き場所とその処理方法をどうするかという未解決の問題である。

原子力をエネルギーとして利用するためには、通常の「化学反応」ではなく「核分裂連鎖反応」を起こす必要があり、そこで必然的に核破壊（自然破壊）が起こって、高レベルの放射能を持った廃棄物が残される。それは「廃〝棄〟物」ではなくて「廃物」、いやむしろ「毒物」であり、「〝除〟染」ではなく「〝移〟染」と言うべきであり、その最終的処分場はいまだに未確定であり、それは「負の遺産」として未来世代に残される。そこで原子力を用いることは「自然破壊」につながり、「未来のこどもの家」である地球を破壊する、神の創造の秩序に対する反逆となるのである。

三月一日に、三・一一を覚える前橋教会の主日礼拝で歌われた讃美歌の一節を引用して、未来世代への責任の重大であることを心に刻みたい。

豊かな生活を支え続けた資源（を）、奪い、無駄にして来た罪をゆるして下さい。
地球という星は、未来のこどもの家。いつまでも共に住む道を示して下さい。

（讃美歌21　四二六番の二と五）

（「新生」第四〇巻春号、二〇一七年四月二〇日）

Ⅱ　現代的教会論を問う

日本基督教団七五年

その責任と課題

Ⅰ　教団の成立は神の攝理か

1　皇紀二六〇〇年奉祝全国基督者信徒大会（一九四〇年）の問題性

日本基督教団（以下「教団」と略称）は一九四一年六月二四日、富士見町教会における創立総会から新しい歩みを始めて、今年（二〇一六年）で七五年を経たことになるが、その第一段階は、その前年の一九四〇年一〇月一七日に、青山学院校庭に二万人を超える信徒を集めて開かれた「皇紀二千六百年奉祝全国基督教信徒大会」であった。そこで次のような「宣言」が発せられたことを記憶にとどめたい。

神武天皇国を肇め給いしより茲に二千六百年、皇統連綿としていよいよ光輝を宇内に放つ。光栄ある歴史を懐うて吾等うたた感激に耐えざるものあり、本日全国にある基督教徒相会し、つつしんで天皇陛下の万歳を奉ぎ奉る。惟うに世界状態は極めて波瀾多く、一刻の偷安を許さざるものあり。西に欧州の戦禍あり、東に支那事変ありて未だ終結を見ず。この禍中にありて我国はよくその進路を謬ることなく、国運国力の進展を見つつあり。これまことに天祐の然らしむる処にして、一君万民尊厳無比なる我国体に基くものと信じて疑わず。

今や世界の変局に処し、国家は体制を新にし大東亜新秩序の建設に邁進しつつあり。吾等基督信徒もまた之に即応し教会教派の別を棄て、合同一致以て国民精神指導の大業に参加し進んで大政を翼賛し奉り、尽忠報国の誠を致さんとす。依て茲に吾等は此の記念すべき日に当り左の宣言をなす。

一、吾等は基督の福音を伝へ救霊の使命を完うせんことを期す。

二、吾等は全基督教会合同の完成を期す。

三、吾等は精神の作興、道義の向上、生活の刷新を期す。

右　宣言す。

昭和十五年十月十七日

ここではキリストの名はすでに消え去って、神武天皇の名が最初におかれ、皇紀二千六百年を奉祝するための合同であることが示されていることに注目すべきである。

つまりは、「大政翼賛」「尽忠報国」のための合同であることが表明され、教会は〝天皇の名〟の下に集う〝報国団体〟となってしまうのではなかろうか。

「教団成立の沿革」（一九五六年一〇月二六日制定）には、その間の事情が次のように記されている。「……海外における教会合同運動（エキュメニカル運動）の刺激もあって、ついに全福音主義教会合同の機が熟するに至り、たまたま宗教団体法の実施せられるに際し、一九四〇年一〇月一七日、東京に開かれた全国信徒大会は、教会合同を宣言するに至った。」

しかしここで「ついに全福音主義教会合同の機が熟するに至り」という「沿革」の叙述は、歴史の真実を表現し得ていないように思われる。むしろ実際には、この機会に便乗して、まったく準備の整わないままに、バスに乗り遅れないようにと合同に踏み切ったのであり、「そこに働いていた根本動機は、教会としての主体性と真実を喪失した、自己保存的な教会擁護の精神であった」（後述の井上良雄氏の言葉）と言わざるを得ない。とすると、この教会合同――教団成立を、「くすしき摂理」と言い切れるかどうかは疑問である。

2 「皇国ノ道ニ従ヒテ信仰ニ徹シ」

一九四一年一一月二四日、文部大臣の認可を受けた教団規則を見ると、その第一章総則の第五条には、「本教団ノ教義ノ大要左ノ如シ」として、神・キリスト・聖霊・聖書に関する簡潔で福音的な「教義ノ大要」が記され、その第七条で「本教団ノ生活綱領左ノ如シ」として、その第一に「皇国ノ道ニ従ヒテ信仰ニ徹シ各其分ヲ尽シテ皇運ヲ扶翼シ奉ルベシ」と掲げられた。三位一体の神・キリストに対する信仰・教義と、皇国の道に従う生活とが併存しているところに重大な問題がある。

「皇国」とは、「万世一系」の天皇を「現人神」とし、統治者とする日本の「国体」のことであり、そこで「皇国の道に従う」信仰・生活と、「キリストを唯一の主としてキリストに従う」信仰・生活とは両立し得ない。したがってこの第七条の一は、「キリストの道に従って信仰に徹し、もって主の栄光をあらわすべし」と記されるべきであった。教団はその成立の初めから、「あなたはわたしのほかに、なにものをも神としてはならない」という第一戒（出エジプト記二〇・三）に背くという罪の中に生れ落ちたのであると言わざるを得ない。したがってそのことの罪責の告白から、戦後の教団はその第一歩を始めるべきであった。

Ⅱ　戦後の教団

1　「一億総懺悔」と「キリスト教ブーム」の波に乗って

戦後の教団は、成立時とその後の戦時下の歩みの中で犯した教会としての罪責告白の機会を見失ったままに、「一億総懺悔」と「キリスト教ブーム」の波に乗って、さまざまの伝道計画を立案し実施するが、そこには教会の維持と数量的発展を第一とする教会の体質が、変ることなく続いているのを見ることができる。

一九四六年六月七―八日に富士見町教会で開かれた教団の第三回臨時総会に続いて翌六月九日に青山学院講堂で開かれた「全国キリスト教大会」では、その「宣言」の冒頭に左の文章が掲げられているので引用する。

> 我等は平和の福音を信奉するキリスト者として灰燼に帰したる帝都に立ち今更の如く自己の使命に対する不信と怠慢との罪を痛感し、神と人との前に深甚なる懺悔を表明する者なり。

そこで表明されている「深甚なる懺悔」は、誰に対して献げられたものであり、その内容はどのようなものであったのか。当時は、東久邇内閣の提唱による「一億総懺悔運動」が展開されているので、天皇に対する献身と報国の力乏しきことの懺悔の表明以上のものではなかったのではないか。

　またその冒頭に「我等は平和の福音を信奉するキリスト者として」として、それが自明のことであるかのように表明されているが、しかしその前年には、「旧約の予言者は、〈剣を打ち替えてすきとなせ〉（イザヤ二・四）と叫んだが、今はその反対に〈すきを替えて剣となす〉べき時代である。今日においては吾々のメッセージは平和のメッセージではなくて戦争のメッセージではなくてはならない」（日本基督教団新報、一九四五年一月一〇日号）と説いて、教団は戦争協力の義務を強調しているのである。そこから「平和の福音を信奉するキリスト者」に、いつどのようにして矛盾なく移ることができたのであろうか。もしできたとしても、そこではその前年まで「戦争のメッセージ」を奉じていたことの身を切るような反省と痛みを伴うはずであり、そこで教団は何よりも第一に、「キリストの道」に従うことを避けて「皇国の道に徹して」戦争に協力したことの罪責を告白すべきであったのではないか。

　またここでもう一つ取り上げるならば、末尾に掲げられた三つの「決議」の第二に、「我等は全力を尽くして餓死に瀕しつつある八千万同胞の救援に努力せんことを期す」と宣言されていることである。

　ここで注意して読まなければならないのは、「八千万同胞」、と記されていることの意味である。

戦時下においては「一億一心」「一億総火の玉」「一億玉砕」、戦後の「一億総懺悔」、そして最近の「一億総活躍社会」にまで「一億同胞」がつづく。それがここでなぜ「八千万同胞」になったのであろうか。「一億同胞」の中に入っていたあとの「二千万同胞」はどこへ行ったのか。日本の旧植民地であった朝鮮教区、台湾教区の同胞がそこで落ちているのは当然であるとしても、九州教区の中に入っていた沖縄県の同胞も一緒にされて、救援を必要とする八千万同胞の外に出されてしまっている。ここから沖縄の切り離し（切り捨て）という問題が始まっているにもかかわらず、そのことの問題性を指摘した人が、その直前の教団の第三回総会において誰もいなかったということに注意したいと思う。

2　教会革新の六〇年代

戦後の教会の伝道計画には、「教会の建設と強化」という目標が掲げられていることが多い。この目標自体は現状に即した意味のあるものであると思われるが、しかしそこで問題となることは、伝道が教会の維持発展のための手段となり、教会の建設と発展が伝道の目標となることによって、教会それ自身が自己目的化され、教会は世に仕え、また神の国の到来のための道備えのためにあるという面での認識において不十分であったことである。また伝道の成果が主として数量的尺度によってのみ測られるために、比較的短期間にその成果をあげ易い場所また社会層に対する伝道が主となって、より困難ではあっても必要な対象また場所への伝道が消極的となり易いことであった。高崎毅氏は、かつてそのような伝道を、いわゆる「自由企業的伝道方式」と評した。

そのような戦後の伝道の転換のきっかけは、一九五九年一一月に開かれた日本プロテスタント宣教一〇〇年記念大会であった。その中でＷＣＣ（世界教会協議会）を代表して来日したヴィサー・トーフト博士は、「世界教会と日本基督教団への期待」と題して講演し、現代キリスト教の特色として、第一に、神学者を初め多くの教会員により、聖書の研究が盛んになされつつあること、第二に、〈信徒〉（Laity）についての新しい意義が見出されるようになって来たこと、第三に、教会が預言者的発言をこの世に対してなしていることをあげ、日本の教会にもこれらのことを期待していると述べた。（『教団史』二八五―二八六頁）。

一、一九六〇年代は、エキュメニカルな視野に立って、教会論についての根本的な転換が起こって来た時期であった。一九世紀の中葉から一九五〇年代に至るまでの約一世紀は、ヨーロッパ・アメリカの教会を中心として、教会そのものは出来上った自明のものとした上で、その教会の自己拡張の業としての伝道が考えられ、行なわれて来た。しかし一九五〇年代の後半から六〇年代にかけて、伝道の主体である教会それ自体のあり方を問い直す動きが起こって来た。そこで一九六一年、インドのニューデリーで開かれたＷＣＣ第三回大会において、「六大陸における伝道」という標語が打ち出され、従来のようなキリスト教世界（西欧第一世界）から非キリスト教世界（アジア、アフリカ、ラテンアメリカなどの第三世界）への一方交通としての伝道から、相互に交流する伝道における協力関係を担う教会となるという、教会論・伝道論における転換が生れて来たのである。

このような六〇年代の世界教会の教会革新の神学的傾向と、教団の六〇年代の歩みとの間には、確かにある種のつながりがあり、平行現象があらわれていたと見ることができるであろう。一九六〇年には、オランダの著名な宣教学者であるヘンドリック・クレーマー博士が教団の招きに応じて来日し、三ケ月にわたる天城山荘その他各地での講演と協議会を通して、日本の教会と伝道の課題について多くの率直な提言が語られた。Ｐ・ティリッヒ、Ｅ・ブルンナー、Ｊ・モルトマンなど著名な神学者の来日が相次いだ。

六〇年代はまた、今までの教会と伝道のあり方を問い直す問題提起を含む多くの神学書が世に出て、それらがまた速やかに邦訳されて読まれ、教会の問題を考える上での大きな刺激となった。たとえば『現代キリスト教倫理』を第一回とする「ボンヘッファー選集」全九巻（一九六二―六八年）、Ｈ・クレーマー『信徒の神学』（一九六〇年）、ホーケンダイク『明日の社会と明日の教会』（一九六六年）、Ｊ・モルトマン『希望の神学』

（一九六八年）、Ｊ・Ｈ・コーン『イエスと黒人革命』（一九七一年）（以上いずれも新教出版社刊）。これらはほとんどいずれも三〇代、四〇代の若い神学者の問題作であり、激変する時代の中での教会の革新を志向し、六〇年代の世界教会の神学的傾向に大きな影響を与えた書物であった。当時、地方の一教会の牧師であった私自身の現場の動きにおいても、これらの書物から受けた示唆と刺激は大きいものがあったことが思い起こされる。「神の宣教（ミッシオ・デイ）の神学」を基として、「教会の生命と使命」（Life and Mission of the Church. LMC）を考える委員会が発足し、各地での研究協議会が重ねられ、伝統的な「説教」と「サクラメント」に加えて「世のための教会であること」が、教会の第三の標識として提唱された（カール・バルト）。

一九六二年に大村勇氏が教団議長に選出されるのと前後して「教団宣教基本方策」が決定され（一九六一年一二月）、（一）教団の体質改善（二）伝道圏伝道、を二本の柱とする「伝道十ヶ年計画」（一九六二—七一年）が実行され、それに合わせて「宣教基礎理論」が作成された（一九六三年）。そこでは、五〇年代までの教会の自己目的的、自己拡大的なあり方が反省され、「教会の自立と連帯」がうたわれ、教会と社会の平行主義をやめ、キリストに仕える故に世に仕える教会となること、世の悩みを負い、社会的責任を担う教会となることが目ざされた。

一九六六年には、二期続いた大村議長の後を受けて鈴木正久氏が教団議長に選ばれ、このような流れの中で、一九六七年三月二六日（復活主日）に、鈴木議長名で「教団戦責告白」（第二次大戦下における日本基督教団の責任についての告白）が公表されるに至ったのである。

Ⅲ　罪責告白からの出発

1　教団戦責告白の問題

教団戦責告白（一九六七年）は、歴史における教会の罪責告白として、戦後二二年目にして初めてなされた、日本の教会史における画期的な、新しい出来事である。当時、地方教会の一牧師であった私にとっても、この「戦責告白」の投じた喚起力は大きく、これでようやく教団は、戦後の歴史の出発点に立つことができ、ここから教団の新しい歴史が始められるであろうとの喜ばしい思いで受けとめられたことが思い起こされる。

しかし今日、「戦責告白」を読み返してみると、そこにはなお内容的にも表現の面でも、不適切な点や欠けているところがあることに気づかされるのである。

第一に、教団の成立と存続において働かされる「神の摂理」という表現、また「わたくしどもの祖国」という表現に問題を感じる。

第二に、戦争協力の罪責（戦争責任）の告白はなされているが、教団の成立そのものが「人間の混乱と罪責」であることの告白が欠けていることである。この点で、同時期に書かれた井上良雄氏の「教団戦責告白草案」の末尾の部分を左に引用紹介したい。そこには「祖国」という表現も「摂理」という言葉もなく、ただ神に対する罪責が告白されていて感銘を受けるのである。

以上のようなわれわれの犯した過ちを反省するときに、われわれは、〈明日の教団〉としてのわれわれの教会の根本的なあり方を思わざるをえない。教団成立に関しても、戦争（協力）の問題に関しても、われわれの教会が当時の強権の前にあのようにみじめに屈服したことの根底には、弱小な日本の教会を守るためにという意識があったことは否定できない。しかし、そのような一見善意と見えるものが、実はこの世に教会を建て給うた教会の主の意志に対するまったくの無知であったことを、今日われわれは告白せざるを得ない。そして、そのような無知に対する裁きを、すでにわれわれは受けている。〈己が生命を救わんと思う者は、これを失う〉との主のみ言葉が、その恐るべき正確さをもって、われわれに対して妥当した。しかしわれわれがいま心から願うことは、徹底的に他者のために生き給うた主イエスの後に従う群として、今後の歩みを続けたいということである。

2　関東教区「教団罪責告白」に関して

関東教区では、教団戦責告白を尊重し、継承しつつも、そこになお欠けているものを補い、新しく告白することの必要性を感じて、第四九回総会（一九九九年）でそのための特設委員会が設置され、一四年の探求の歩みを経て第六三回総会（二〇一三年）で、関東教区「教団罪責告白」が可決された。この委員会が設置された最初の契機は、沖縄の教会に対する罪責の問題を考えることであったが、やがてその作業は、教団成立以来の歴史全体にかかわる教団の罪責告白の作成にまで広げられたのは必然的であった。その願いは、文中に記されているように、

わたしたちは、日本基督教団に属する〈肢〉として、教団の犯した罪を、主なる神の御前に心から懺悔告白し、共に明日の教区・教団の形成のために祈り努めたいと願います。

3　新しい「教団（第二）信仰告白」を目ざして

罪責告白は信仰告白と密接不可分の関係にある。一九五四年一〇月二六日、第八回教

団総会で制定された現「教団信仰告白」は、戦時下の一九四一年に、「皇国の道に従い皇運を扶翼し奉る」ことを掲げた教団教則第七条一とセットになって制定された「教義の大要」（第五条）のいわば「戦後版」であり、これに代って新しい時代にふさわしい「現代的」信仰告白が必要とされるのではなかろうか。その典型例としては、カナダ合同教会信仰告白（一九六八年制定）、また賛美歌二八〇番「馬槽のなかに」※（由木康作詞、安部正義作曲、讃美歌21）などが参考になろう。

※　二「食するひまもうちわすれて、しいたげられしひとをたずね、友なきものの友となりて、こころくだきしこの人を見よ」

4　この世を旅する神の民としての教会

教会と国家の関係について考えるために、和解論の中のカール・バルトの言葉は参考になるので、以下に引用して本項の結びとする。

教会が諸国民を（マタイ二八・一九によれば〈すべての国民〉を）弟子として呼び出すために、そのもとに赴くときに、教会は、諸国民間の境界や区別を廃棄はしないが、しかしまた、それを是認もしない。教会は、むしろ、それらすべての諸国民の中を横切って、自分自身を、一つの新しい民として――その中ではすべての諸国民に属する者たちが互いに出会うだけでなく一つになるような民として、設定する。この民へと集められることによって、人間は、まず第一に、この新しい民に属する者――キリスト者である。すなわち、まず第一にこの民に属する者であって、その上で初めてあれこれの国民に属する者でもある。その構成員が、まず第一にまた決定的にあれこれの国民に属する者として自分を理解しまた振舞い、その上で初めて自分をキリスト者として理解し振舞おうとするような教会は、病める教会である。（井上良雄編『地上を旅する神の民――バルト「和解論」の教会論』二七二頁）

（二〇一六年八月二二日、盛岡・ユートランド姫神における、奥羽教区北東地区社会委員会、岩手地区社会委員共催の第三二回「教会と国家セミナー」における第I講演）

（参考文献）

井上良雄編『地上を旅する神の民――バルト「和解論」の教会論』（一九九〇年　新教出版社）
H・クレーマー『信徒の神学』（一九六〇年　新教出版社）
D・ボンヘッファー『教会の本質』（一九七六年　新教出版社）

関東教区『教団罪責告白』（二〇一三年）
森野善右衛門『歴史を生きる教会――この世の旅人・寄留者として』（二〇一五年　福音企画印刷）
同『明日への教会――聖霊と信徒の世紀を開く』（二〇一〇年　キリスト新聞社）
同『教会の告白と実践――実践神学の諸問題』（一九九九年　新教出版社）

（『時の徴』一四八号、二〇一七年二月）

平和の福音に生きる

エキュメニカル運動一〇〇年の歴史に立って

I　エキュメニカル運動の出発点

それは二〇世紀初頭の一九一〇年、イギリスのエディンバラで開かれた世界宣教者会議（World Missionary Conference）であり、その前史として一九世紀末におけるＹＭＣＡ（一八四四年）、ＹＷＣＡ（一八五五年）の創立があり、そこから世界学生キリスト者連盟（ＷＳＣＦ）（一八九五年）が結成され、ジョン・Ｒ・モットやヴィサ・トーフト等多くのキリスト者青年信徒たちの働きによって、二〇世紀におけるエキュメニカル運動は推進された。

その特色は、それらの運動を担ったキリスト者青年たちの情熱によって導かれた信徒運動であったというところにある。その時モットーとなった聖書の言葉は「みんなのものが一つになるために」（ヨハネ一七・二一）であった。しかしその初期には「実践が一つにし、教義は分裂させる」という言葉も強調されたように、その「一致」は、教条主義的「画一性」ではなく、「多様性」における「一致」であり、キリストを基とする「信仰」に根ざした一致が目指された。

この運動の草創期に深く関わったボンヘッファーの残した言葉は今日的である。「一致が真理であるが、しかし本当の一致は、ただ真理においてのみ可能である」(「告白教会と世界教会」一九三五年)。

この点で、日本基督教団の成立(一九四一年)は、「海外における教会合同運動の刺激もあって」と「成立の沿革」(一九五六年)には記されているが、しかし実際には、「皇国の道に従い、皇運を扶翼するため」(教団規則第七条、生活綱領の第一、一九四一年)の合同であって、キリストの真理に反し、エキュメニカル運動の目指しているものを裏切る出来事であったと言わざるを得ない。

II　戦後のエキュメニカル運動

一九四八年、アムステルダムにおける世界教会協議会(World Council of Churches, WCC)の結成によって、エキュメニカル運動は新しい段階に入り、二〇一三年、韓国釜山での第十回大会の開催で今日に至っている。

一九六一年、ニューデリーでの第三回大会では「六大陸における伝道」が唱道され、第四回のウプサラ大会（一九六八年）では、西欧の教会の一九世紀以来の第三世界に対する植民地支配の歴史が反省され、Ｈ・ゴルヴィツアーのドイツの教会に対する報告講演「富めるキリスト者と貧しきラザロ」にそのことが表明されている。

「教会革新の六〇年代」での特筆すべき出来事は、第二ヴァチカン公会議（一九六二―六五年）で、カトリック教会はここで、従来の「保守的」というイメージを打ち破って、「福音の源泉への回帰」による教会の「現代化・刷新」を提唱している。

そのような流れの中で、「神の宣教」（ミッシオ・デイ）の神学を基にして「教会の生命と使命」が探究され、「世のための教会」が強調された（バルト、ボンヘッファー）。①教会の体質改善②伝道圏伝道を二本の柱とする教団宣教基本方策が策定された。教団戦責告白（一九六七年）は、歴史における教会の罪責告白として、日本の教会史における画期的な出来事であった。関東教区「教団罪責告白」（二〇一三年）は、罪責告白からの教会の新しい出発を目指している。

Ⅲ　平和の課題

ＷＣＣ第六回大会（一九八三年、バンクーバー）の主題が、「イエス・キリスト、世の命」、そして副題が「正義・平和・被造物の保全」（Justice, Peace and Integrity of Creation）（JPIC）と定められたことには深い意味がある。特に「被造物の保全」というテーマでは、人間と自然とを含めた「いのちの共生」の課題が示され、それはこの二、三十年のエキュメニカル運動の主要テーマとなっている。

この問題についてもボンヘッファーは一九三〇年代の世界教会の青年協議会で「神はその民、その聖徒、ならびにその心を主に向ける者に、平和を語られるからです」（詩篇八五・八）をテキストにして、「神・キリストの平和」について語り、「平和」と「安全保障」が混同され、取り違えられていることを戒めて、「〈安全〉の道を通って〈平和〉へ至る道は存在しない。なぜなら、平和は敢てなされなければならないことであり、それは一つの冒険であるからだ。それは決して安全保障の道ではない。平和は安全保障の反対である。安全を求めるということは（相手に対する）不信感があるということだ。そしてその不信感が、ふたたび戦争を引き起こすのだ」として、「根本的な平和――キリストの平和」を呼びかけ、平和のための世界教会会議の開催を提唱している。（「教会と諸民族の世界」一九三四年八月二八日）。

残念ながらボンヘッファーのこの提言は実現されず、その後の世界は、ヒトラーによる第二次世界大戦に突入する（一九三九年九月一日）。しかしここには「剣を打ち替えてすきとせよ」というイザヤの平和予言（二・四）、カント「永遠平和のために」（一七九五年）を経て、憲法九条の「不戦平和主義」に通じる、敵意と不信を取り除いて、和解と信頼を基とする共生・平和に至る道が提示されているように思われる。

（第三二回「教会と国家セミナー」奥羽教区社会委員会主催第Ⅱ講演　二〇一六年八月二二日）

〈参考文献〉

森野善右衛門『歴史を生きる教会――この世の旅人・寄留者として』（二〇一五年第二刷　福音企画印刷）
森野善右衛門『原子力と人間――三・一一後を教会はどう生きるか』（二〇一二年、キリスト新聞社）
森野善右衛門『明日への教会――聖霊と信徒の世紀を開く』（二〇一〇年、キリスト新聞社）
日本ＹＭＣＡ同盟編『今、聖書から聴く二二の平和説教集』（二〇一五年）

（『上毛通信』第八六号、二〇一六年九月一日）

森岡巌著『ただ進み進みて――キリスト服従への道』をめぐって

高倉徳太郎と信濃町教会

著者の森岡巌さん（ペンネーム森平太）は高知県の出身で、一九四九年に東京大学法学部政治学科を卒業して新教出版社に入社、戦後のキリスト教出版界で長く活躍し、『福音と世界』編集長、また秋山憲兄氏の後を継いで一九七八年から二〇〇二年まで、同社取締役社長を勤め、二〇〇六年に同社を退社、今年八七歳になられる。

森岡さんとの出会いは、戦後の一九五三年にまでさかのぼる。この年に大学を卒業して東京の神学校に入った私は、学友のすすめで信濃町教会に出席するようになり、そこで教会の長老をしておられた森岡さんと知り合い、教会学校中等科の教師を共につとめるようになって以来の仲である。

信濃町教会は、周知のように一九二四年、高倉徳太郎牧師によって始められ（戸山教会）、一九三〇年に現在の場所に献堂されて今日に至っている（森岡氏の執筆に成る『信濃町教会七十五年史』一九九九年参照)。

本書のⅠ「高倉徳太郎と日本基督教会」、Ⅱ「日本基督教団と信濃町教会」は、植村正久から高倉徳太郎へと継承される「福音的キリスト教」によって立つ信濃町教会が、戦中戦後の日本のキリスト教の歴史に占める位置と意義について論じた七編の論稿から成り、本書の主要部を成している。

高倉徳太郎をめぐっては、すでに小塩力、大内三郎、佐藤敏夫その他の著者による労作が出版されており、ここにまた雨宮栄一氏による力作『評伝高倉徳太郎』上下巻(新教出版社、二〇一〇、二〇一一年)が上梓され、六月二五日(土)には、笠原義久、東海林勤両氏と共に森岡さんも呼びかけ人に加わったシンポジウム「今、高倉徳太郎から学ぶこと」が信濃町教会で開かれ、七〇余名が参加して盛会であった。

恵みと服従

「恵み」と「服従」とのかかわりをめぐる高倉徳太郎とボンヘッファーとの同時代史的考察(Ⅰ―三)は、本書全体の基調を示し、明日への教会の課題にまで説き及ぶ力作である。ここでは、英国留学をエポックとして高倉が到達した「恩寵」の神学(説教集『恩寵と召命』一九二七年)と、ボンヘッファーが一九二〇年以来、ベートゲのいわゆる

「神学者」から「キリスト者」への転換の中で発見した「高価な恵み」の神学（『服従』一九三七年）との共通性が注目される。

高倉の恩寵信仰の重大契機を、その前期においては「自我とその克服」が占めているのに対して、その後期においては、前期に見られた個人的、主我的、人間的、神秘主義的、敬虔主義的要素が克服されて、客観的、全体的、絶対的、創造的な贖罪の恩寵への全面的な信従を導き出し、またそこから、キリスト論の全体的な構築が目指されている、と著者は分析する。

> 高倉にとって、この恩寵の召命は、まさにキリストへの服従の招きにほかならない。恩寵としての十字架の贖罪論にあずかるところから、自分の十字架を負うて、キリストに従う生活が生まれる。（九〇頁）
>
> それに照らす時、同時代に起こったＳＣＭの〈神の国〉願望も、賀川豊彦の〈神の国〉運動も、本質的には空疎で無内容同然で、宗教的オプティミズムとロマンティシズムに過ぎず、主観的・情緒的である。（九一頁）

ここで森岡さんが、高倉の「恩寵の神学」が指し示した展望の中に、ボンヘッファーの「高価な恵みと服従」に共鳴する同時代史的な呼応関係を見出しているのは卓見である。ここでボンヘッファー『服従』の中の次の命題が想起される。

> 高価な恵み、それは服従へと招くが故に高価であり、イエス・キリストに対する服従へと招くがゆえに恵みである。
>
> ただ信じる者だけが服従するのであり、ただ服従する者だけが信じるのである。

高倉後の日本の教会は、高倉によって切り開かれた「恩寵の神学」を、「キリストへの服従」の徹底の方向にではなく、個人的、主観的、宗教的、神秘主義的な贖罪の神学の狭い枠内において理解し、「自分の十字架」を負うてキリストに従う教会とはなり得なかった、と森岡さんはこの同時代的考察を結ぶ（一〇二頁）。この問題は、いわば「未完の課題」として、戦後の教会に委ねられたのであり、「それはまさにわれわれこそが、高倉―ボンヘッファーが並び連なる線上において、今日の神学的実存の問題として、責任をもって引き受ける以外にない課題となるのである」（一〇九頁）。

罪責告白からの出発

Ⅱ「日本基督教団と信濃町教会」には、高倉の戦前の戦いを受け継ぐ戦後教会史の問題が取り上げられている。そこで森岡さんも述べているように、教団の戦後史を見る座標軸としては、教団の戦争責任と戦後責任の問題があり、その分岐点・機軸としての「教団戦責告白」（一九六七年）の問題がある。

関東教区ではこの一〇年来、成立以来の教団の歴史を検証して、「教団罪責告白」草案作成の作業に取り組んでいる。そこではただ戦争協力の責任告白だけにとどまらず、そもそも一九四一年における教団の成立そのものが「皇国ノ道ニ従ヒ、皇運ヲ扶翼シ奉ル」（教団規則第七条「生活綱領」の第二）ための合同であり、そこで教団は「人に従うよりは神に従うべきなり」（行伝五・二九文語訳）という聖書の言葉に反する過ちを犯したのであり、その罪責を告白するところから教団は新しく出発すべきであるという点で合意を得た。このことは、教団成立後七十年の今日における未決の課題（負債）である。

この点に関しては、二〇〇三年六月一〇日、九五歳の生涯を終えて主の御許に召された井上良雄先生の葬儀における森岡さんの「追悼の言葉」（Ⅱ—三）に心を打たれる。その生涯を通して井上先生が追究されたのは、「告白する教会」から「世のための教会」

への道であり、一九五一年以来、井上先生が代表として歩んで来られた「キリスト者平和の会」の目ざした「キリストの平和」の探求と聴従であった。

「教団戦責告白」（一九六七年）は歴史における教会の罪責告白として、日本キリスト教史上初の、画期的な意義を持つ出来事であり、井上先生はそのことを推進する立場から、教団常議員としてそのために尽力された。しかしこの教団戦責告白は、内容的に見て、「摂理」とか「祖国」とかの、いささかそぐわない表現がその中に出てくる点でも、なお問題がある。ここでは、そのために当時記された未発表の井上草案の結びの一節を引用して心に留めたいと思う。

教団の成立に関しても、戦争の問題に関しても、われわれの教会が当時の強権の前にあのようにみじめに屈服したことの根底には、〈弱小な日本の教会を守るために〉という意識があったことは否定できない。しかしそのような一見善意と見えるものが、実はこの世に教会を建て給うた主の意志に対するまったくの無知であったことを、今日われわれは告白せざるを得ない。そして、そのような無知に対する審きを、すでにわれわれは受けている。〈己が生命を救わんと思う者は、これを失う〉（マルコ八・三五）という主の御言葉がその恐るべき確かさをもって、われわれに対して妥当した。われわれが、今、心から願うことは、徹底的に他者のために生き給うた主イエスの後に続く群として、今後の歩みを続けたいということである。

「神の民＝信徒」の教会として

Ⅴ「教会の信徒としての道」で森岡さんは、教会における牧師と信徒との間の連帯責任体制確立の重要性について、ご自身が信徒であることの自覚に立って論じられている。そこで参照されているのは、森平太のペンネームで新教新書の一冊として翻訳出版されたO・ブルーダー著『嵐の中の教会――ヒトラーと戦った教会の物語』（一九六〇年）である。

本書の原題は「山の上にある村」であるが、これは言うまでもなく「山上の説教」（マタイ五―七章）の一節である「あなたがたは世の光である。山の上にある町は隠れることができない」（マタイ五・一四）から取られたものである。それは一つのフィクションとしての物語であるが、その内容はまことに忠実に、当時のいわゆる「ドイツ教会闘争」の事実に即して物語られている。そこで学ぶべきことは、ひとりの牧師が、ただひたすらに御言葉への聴従の中から語り、信徒はそこで語られた説教の御言葉に従ってこの世に生きる真剣な姿勢である。

「牧師はそこで、高いところに立って上から指導する指導者ではありません。共に御言葉に聞き、その指し示しに従って戦おうとする同志です。牧師と信徒の間には、キリストを仲立ちとする同志的連帯と信頼感が生まれます。それがあってこそ初めてドイツ教会闘争は戦えたのです」（一八〇頁）という森岡さんの語りは感動的である。

ここからさらに「教会の本質」についての考察に及び、「教会は本質的には、ただ〈神の民〉として、この世にあって旅人であり、寄留の民です。教会は、この世の真直中に生きながら、また一方で、この世を越え出るものです。それは、たいへんに逆説に満ちたあり方ですが、その矛盾に耐えるところに教会の生命があります」と語る（一七七頁）。

このことは、戦後のカール・バルトの『和解論』の「教会論」（一九五九年）において、さらに詳細に展開されている。そこでバルトは、世にある教会を「地上を旅する神の民」と規定するが、その場合の「神の民」（ラオス・セウー）とは、教職中心の組織体ではなく、主によって選ばれて「一つの民」に加えられた「主の民《ラオス》」＝「信徒《レイティ》」の教会である。

「バルメン宣言」（一九三四年）第三項には、「教会は、イエス・キリストが御言葉とサクラメントとにおいて、聖霊によって、主として今日も働き給う兄弟たちの（正しくは

「兄弟姉妹たちの」）共同体である」と規定され、教会を単に教職者や役務者を中心とした制度、組織としてではなく、キリストをかしらとし、この主に聞き従う「兄弟姉妹たちの共同体」すなわち「信徒の教会」であるとしているのは示唆的である。

そしてさらに言えば、サクラメントの一つとしての「洗礼《バプテスマ》」は、ただ教会への入会式であるだけでなく、信徒としての神からの「召命」を受けて、この世に派遣される「信徒使徒職へ任職式」として理解されることがふさわしい。この点に関しては、カトリックの「第二ヴァチカン公会議」（一九六二―六五年）の文書の一つである「信徒使徒職に関する教令」が、その冒頭において、

> キリスト者としての召し出しは、……世に住み、この世の事柄に携わっているのが信徒であるから、彼らこそキリスト教的な精神に燃えたパン種として、この世において使徒職を果たすように、神から召されているのである。

という大胆な命題を打ち出しているのは注目されるべきことである。

カール・バルトも「教会の神学的奉仕について、「その場合に、〈平信徒〉は神学者ではないというような怠惰な逃げ口上は許されない。すべてのキリスト者は、神学の問題

に責任があり、すべてのキリスト者は神学者なのである」と述べている（井上良雄編『地上を旅する神の民バルト「和解論」の教会論』二六〇頁）

日本の教会には「牧師中心主義」が強いことを、森岡さんがここで教会の信徒の立場から、反省的に述べておられることに共感する。高倉徳太郎が強調した「恩寵と召命」も、決して「牧師」になるための召命とは限らず、「信徒の召命」も含めて考えなければならないと思う。

「教会のことは万事、牧師さんにお任せする。そして教会のことには無関心・無責任の放りっぱなしになる。そういうことはありませんか」（一七九頁）という森岡さんの日本の教会への問いかけか、ここで重くひびいて来る。

キリスト告白と平和への道

Ⅳ「〈暗い戦中派〉の諸問題」Ⅴ『ボンヘッファー研究』Ⅵ「罪責告白と象徴天皇制」を通してひびいて来るのは、「戦中派キリスト者」としての森岡さんの体験を通しての「戦争と平和」の問題であり、「バルト＝ボンヘッファーの線」に立って見る歴史的、今日的な「平和主義」への道である。ここではただ、一九三四年八月二八日、デンマークのファネー島で開かれた世界教会の青年協議会でしたボンヘッファーの「平和」

に関する小講演の一節を引用することで結びとしたい。

安全の道を通って〈平和〉に至る道は存在しない。なぜなら、平和は敢えてなされねばならないことであり、それは一つの偉大な冒険であるからだ。それは決して安全保障の道ではない。平和は安全保障の反対である。安全を求めるということは、〔相手に対する〕不信感を持っているということである。そしてこの不信感が、ふたたび戦争をひきおこすのである。

（『告白教会と世界教会』新教出版社、二〇一一年、一三九頁）。

ここに「平和の今日的課題」が示されている。

（『時の徴』一二八号、二〇一一年七月）

教会はどこに立ち、何によって生きるか

第三八回教団総会に向けて

『教団新報』への問い

筆者は、「伝道牧会五〇年以上現職教師表彰」を受けた、教団を深く愛する教師（関東教区巡回教師）のひとりであるが、この数年来の教団執行部の「教憲教規」を振りかざしての「強権的」な発言と行動には目にあまるものがあると感じ、特に『教団新報』二〇一一年七月一六日付に掲載された内藤総幹事の「教区総会を振り返って」を読んで、同年八月、とりあえず左の三点についての質問状を新報編集部と内藤総幹事宛てに呈した。

（一）教規第一二条と教規施行細則第四条二の「建議・誓願」に関して。
（二）教団―教区―（各個）教会の関係について。
（三）「聖なる公同教会に連なるという摂理信仰」について（二〇一〇年四月一〇日付）。

それから一年を過ぎた今日に至るも、編集部からも内藤総幹事からも、何の応答返信もない。『教団新報』は（以前はそうではなかったが）、ある時期から、一切の批判や対論を許さない、一方的な上意下達的な報道紙となってしまっている。これでいいのか。それでキリスト教ジャーナリズムの使命を果たすことができるのか、というのが長年の一読者としての筆者の疑問なのである。

一例をあげよう。いま教団で大きな問題として取り上げられている「非受洗者」への配餐を理由とする北村慈郎牧師の戒規処分の無効と地位確認を求めての裁判が、今年（一九一二年）四月二六日午前中に、小沢一郎氏の裁判が行われた東京地裁で午後二時から開かれた。筆者もこれを傍聴したが、百人の傍聴席を持つ東京地裁でも一番大きい一〇三号法廷は、全国各教区、教会からの傍聴人一七〇名余であふれ、裁判所の判断で傍聴人は二回に分けて、入場するというほどであった。

このニュースは、キリスト新聞（六月九日）、クリスチャン新聞（五月二〇日）でもかなり大きなスペースをとって報道されたが、肝心の教団の公紙である「新報」には一行の報道もされなかった。そしてその前年（二〇一一年）三月五日の『教団新報』には、一面の全面を費やして、「北村慈郎氏による（地位確認など仮処分命令申立事件）は、債権者側（北村側）の〈取下書〉提出によって、本件は終結した」という大見出しがつけられた記事が載り、石橋秀雄教団総会議長の「勝利宣言」とも言うべき「談話」が左上段に掲げられた。

　本件は、北村慈郎氏側からの〈取下げ〉というかたちで終結しましたが、北村慈郎氏に対して、自身の受けている戒規についてさらに真剣に受けとめていただきたいと改めて願うものです。

しかしこの報道は全く事実誤認であって、仮処分申立の取下げは、本事件の終結を意味するものではなく、本裁判に移るための手続上の処置であったことが、本年四月からの本裁判の開始によって明らかになった。

事柄を自分の都合のいいように曲げて解釈報道し、都合の悪い事実については何も知らせない。それでは『教団新報』は、教団の公紙としての役割・使命を果たすことができないのではないか、ということをまず第一に問いたいのである。

さらに問題憂うべきは、今日におけるキリスト教ジャーナリズムの衰退の現実である。かつては『聖書と教会』（教団出版局）、『開拓者』『大学キリスト者』（ＹＭＣＡ同盟）、『月刊キリスト』（教文館）、『キリスト教教育』（ＮＣＣ教育部）などの月刊誌が発行されて、イエス・キリストの出来事に基づいて、この世の出来事の伝達と解釈に論陣を張った時代があった。（特に一九六〇年代は、「教会の体質改善」がキリスト教会の共通のテーマとして大いに論じられたことが思い起こされる）。

しかし今日では、右にあげたキリスト教の月刊誌はすべて姿を消して、わずかに『福音と世界』（新教出版社）が孤軍奮闘しているように思われ、その論調もしめり勝ちである。一般の教会員は、教会内外のニュースや出来事を、どこから知り、それに対してどういう態度決定をすべきなのかが不分明な時代になって来ている。キリスト教ジャーナリズムを担う人たちの一段の奮起を望みたいところである。

第三七回教団総会での選挙方法をめぐって

教団は「会議制」を基本とし（教憲第四条）、「教団総会」をもってその最高の政治機関としている（教憲第五条）。したがって選ばれた総会議員ひとりひとりは、キリストの主権の告白と服従の姿勢で、「何が神の御旨であり、何か善であって神に喜ばれ、かつ全きことであるか」（ロマ一二・二）を探り求めつつ一票を投ずるべきであろう。

しかしこの総会では、従来のように三名連記、ないし七名連記に代えて一挙に全数連記、（教職一四名、信徒一三名）で常議員選挙が行われた。ここに一つの問題がある。さらに問題なのは、総会議場で一部の議員に「伝道する日本基督教団のために」なるマニュアルが密かに廻され、そのマニュアル通りの議決、選挙が行われたことである。これでは多数派に絶対有利な選挙になって少数意見が無視され、会議制の基本が崩されてしまうのではないか。

六〇年代に教団の常議員であり、農伝神学校の理事長として教団の神学教育を担われた秋山憲兄翁（九五歳）が発行されている「翁便り」第一三信（二〇一一年九月二〇日）から、その問題を指摘した文章を左に引用紹介する。

「教団総会で（一部の）議員に配布された小冊子（B六版、一八頁、第三七回日本基督教団の形成のために）を取り上げるだけで充分である。内容を簡単に紹介する。

　教団総会にあたり、どの議案が賛成すべきものか、反対すべきものか、特に判断が重要になる議案について、○＝賛成すべき議案、×＝反対し否決すべき議案、で分かるよう議案ガイドを用意しました。（中略）議事の際、○の議案への賛成意見などに対しては拍手などで意思を表すようにしましょう。ご協力ください。

表紙裏にはゴシック体で記されている。

　この資料は肌身離さずお持ち下さい。間違っても、紛失したり、置き放しなどされないようくれぐれもご注意下さい。

私（秋山）はこれを見て、開いた口がふさがらないどころか、怒号を発した。なんたる体たらくか。かつて教団年金局、会堂共済組合理事長として仕えた教団が、今は基督狂団、いや教会の頭（かしら）なるキリストの主権を見失ったのだから、ただの狂団にすぎない。

　この一老人信徒の声は、教団のおえら方に馬（の耳）に念仏であろう。聴く耳ある教職は、この蚊の鳴く声を聞いてくださるであろう（マルコ四・九）。」（以下略）

　今回の総会でも、これと同じやり方が繰り返されるとすれば、まことに悲しむべきことであり、キリストを主とする教団はもはや終わりである。総会議員のみなさまにお願いする。教団を心から愛する教職、信徒を悲しませないで欲しい。

規則は例外によって生きる

筆者は、石橋秀雄牧師を新議長とする教団の新体制が成立発足した二〇一〇年一二月に、その行方を見すえながら、『明日への教会　聖霊と信徒の世紀を開く』（キリスト新聞社）を上梓した。筆者の立場は、「バルトーボンヘッファーの線」に立ち「エキュメニカル運動一〇〇年」の歴史に学びつつ、というものだが、本書のあとがきに記した一文が、その後二年を経ての筆者の変わらない現在の思いでもあるので、左に引用したい。

同様の〈信仰と行為を二分化して考える〉問題は、二〇〇二年から各教区総会に対する教団議長の挨拶文の中に出てくるようになった〈正しい聖礼典の執行〉という文言に見られる。ここで具体的には〈非受洗者に対する配餐〉の問題が考えられているのだが、そこで聖餐の正否を量る基準は何か、また誰が正否の判定をするのか、という筆者の問いに対して、〈教憲教規を基準にして、信仰職制委員会が判定する〉と山北議長は答えられた。ここに問題がある。

同様の問題は、今年（二〇一〇年）一〇月の（第三七回）教団総会で選出された石橋新議長の〈目に見える教会は信仰告白と聖礼典と教会法により現実化します。この三つが正しく確立されることにより（教団は）形成されます。その一つでも歪んでしまうと、後二つは脆弱になります〉という就任挨拶の言葉（速報№二）にも感じられる。この三本柱を言う前に〈イエス・キリストの福音と、それを証している聖書によって教団を形成していきたい〉と言ってほしかった。

　雨宮栄一著『日本キリスト教団教会論』（四八―七六頁）を参考にして考えるなら、教会を教会たらしめるものは、イエス・キリストの福音のみであり、その上で〈規範化する規範〉（norma normans）としての聖書（canon）と、その下に〈規範化された規範〉（norma normata）としての信条と信仰告白（credo）が来るのであり、その具体化として職制（ordo）がその下に立つ、という順序で事柄が考えられなければならないのではないか。（二九五―二九六頁）

「聖餐」をめぐる「クローズド」な立場と「オープン」な立場とが対立して、そこに大きな亀裂が生じ、（北村慈郎牧師免職問題はその一つの表れでもあろうが）、教団は今や「分裂」の危機に直面しているようにも思われる。

　しかし筆者の考えでは、「オープン」な立場とは、「フリー」とは違って、「クローズ」な立場をも認めながら、なおそこに「未解決」（オープン）な問題が残されていることを心に留めて（保留して）、異なる考え方を一方的に切り捨てないで、対話を重ねていくことによって「共同の解決」（一致）を目指すというものである。それがエキュメニカルな教会の歴史に学ぶということであり、そうでなければ、またかつてのような「異端審問」や「魔女狩り」のような過ちの歴史が繰り返されることを憂うる。どのような教理も教条も相対的なものである、と言うところに立ち、そこから出発すべきではないか。

この問題とのかかわりで、最近読んで大へん参考になったジョルジュ・アガンベン『残りの時　パウロ講義』（上村忠男訳、岩波書店、二〇〇五年）の中から「例外状態」について述べている一節を紹介したい。

アガンベンは、法学者カール・シュミットの「あらゆる規則には例外があり、例外は規則を裏づけるだけでない。規則はそもそも例外によってのみ生きるのである」という言明を援用して、法の本来の構造と機能を定義するパラダイムは、規範ではなくて、例外なのだとして、「信仰（の法則）のゆえに、かえって律法（の法則）は確立する」（ロマ三・三一）というパウロの言葉の意味を解明している（一六八―一七五頁）。

「あらゆる人に開かれた主の食卓」としての「聖餐」は、地上の教会の規則の世界においては例外的な事例であろうが、しかしそれは、終末における神の国の食卓の地上における標識（先取り）であり、そこにおいて、〈善人〉とか〈悪人〉とか言うこの世的価値基準を超えて、すべての人に及ぶイエス・キリストの恵みにあずかる場面となっているのではなかろうか。この意味において、「信仰は律法を確立する」のであり、「例外」が「規則」の本来目的しているものを実現するのである。

教団の伝道論を問う

前述した『明日への教会』の帯封に、筆者は次のような一文を掲示した。

> 教会はどこに立ち、誰のためにあるのか。教会は〈世の出来事（歴史）の中にある神の民〉（カール・バルト）である。エキュメニカル運動一〇〇年、そして戦後六五年を教会はどのように歩んできたのか。その歴史の記憶（記録）と反省が、これからの教会のあり方を考えるためにも、必要なことではないか。

「伝道に熱くなる教団」となるという目標が掲げられているのは結構なことだが、そこでもこの問いが受けとめられることが期待される。筆者の懸念は、そこで掲げられている「伝道」が、教会のための伝道、低下した教会の教勢を挽回するための伝道、ということで考えられ、「世のためにある教会」という視点が欠けているのではないかということである。

筆者はかつて、「岩波キリスト教辞典」（二〇〇二年）に「開拓伝道」の項目を執筆したので左に引用する。

開拓伝道とは、まだキリスト教の伝えられていない地域に対する伝道、教会のないところに新しい教会を建設する働きなどを言う。一六世紀に始まり、一九世紀に頂点に達した〈海外伝道〉では、欧米キリスト教世界から、アジア、アフリカ、ラテンアメリカなどの非キリスト教地域に対する開拓伝道がなされた。しかし一九六〇年代以後は、いわゆる〈キリスト教国〉を含む〈六大陸における伝道〉が強調され、また伝道の主体は神であり（神の伝道、ミッシオ・デイ）、伝道の対象は全世界（オイクメネー）であると考えられるようになっている（マタイ二四・一四）。そこでの伝道は教職中心ではなく、全信徒の全生活を通して、〈宣教〉と〈交わり〉と〈奉仕〉を含む〈包括的伝道〉としてなされるのである。

エキュメニカル運動の新しい出発（世界教会協議会（WCC）の創立、一九四八年）と共に一九六〇年代に世界教会の伝道論は大きく展開した。それは第一に、教会の伝道の第一の主体は神御自身であり（ミッシオ・ディの神学）、教義が第一にあるのではなく、神の働きがこの世に救いをもたらし、人間を選び出し、そこで教会が形つくられるのだ、という考え方である。

そして第二に、神はこの世界から神の民を選び出し、神の伝道を担う第二の主体として、世界へと派遣される。教会は、自己目的として教会のためにあるのではなく、キリストの民として世のために存在する。

第三に、教会の伝道は、神の選びと救いのわざに、言葉と行動をもって応答する信仰告白的な証しの行為である。そこで正統正義（orthodoxia）とは何かを問うだけでなく、正統な行動（orthopraxis）とは何かが問題とされる。正しい実践を抜きにした信仰は、「無為の信仰」、「死せる正統正義」におちいり、そこでまたもや、戦時下の日本の教会が犯した誤りが繰り返されることになるであろう。正しい教義は、正しい実践によって証しされて初めて、真実のキリストの教会を形成するのである。

第四に、教会の伝道を担う主体は、ただ牧師、教職だけでない。なぜなら、キリストの教会は、「神の民＝信徒（ラオス・セウー）」の教会であり、信徒こそ神によってキリストの祭司として選ばれた者であり、この意味では「父と子と聖霊の名」によって受ける洗礼式こそ「信徒使徒職」（第二バチカン公会議文書）への任職式であり、第一の按手礼式（オーディネーション）であると考えられるべきであろう。それはただ教会のメンバーに加えられて、聖餐式にあずかる資格を与えられるという教会内的位置づけにはとどまらないのである。

第五に、教会の伝道を導く力は聖霊であり、そこでは教会革新の神学が求められている。それは、キリスト論を土台として、聖霊論的に展開された自由の神学となるであろう。み言葉と聖霊の力によって「常に改革される教会」（ecclesia simper reformanda）となることが、真に教会の伝統を受け継ぐことになるのである。この意味では、罪責告白と自己批判の契機を持たない思想、信仰は、容易に自己義認と強者の特権支配の思想に変質することは、歴史の教訓であり、教会の歴史においてもまた、そのことは妥当するのである。

三・一一以後をどう生きるか

筆者は、今年（二〇一二年）一二月に『原子力と人間——三・一一以後をどう生きるか』という新書をキリスト新聞社から上梓することにしているが、その「あとがき」に記した左の一文をもって本稿の結びとしたい。

三・一一東日本大震災から、もう一年半が過ぎようとしている。この歴史的出来事は、本書中でも述べたように〈第二の敗戦〉としてとらえられるべきで、戦後の「経済成長神話」と「原子力安全神話」は完全に崩壊したのだということの認識から、私たちはいま、新しく歩み始めるべき時に来ている。

日本の教会が、今、なすべきことは、復旧・復興に向かって「がんばろう・日本」だけでなく、「神州不滅」、「一億一心」、「大政翼賛」（戦時下のキャッチフレーズ）、「ジャパン・アズ・ナンバーワン」（経済成長第一）、「原子力安全神話」などのいつわりの「神話」に別れを告げて、「何が神の御旨であるか、何が善であって神に喜ばれ、かつ全きことであるかをわきまえ知るために、心を更えて新たにする」（ロマ一二・二）ことではないか。

（『時の徴』一三三号、二〇一二年一〇月）

ボンヘッファー『教会の本質』(一九三二)

その歴史的背景と今日的意義

I ボンヘッファー神学の歴史的背景

1 ヒトラー・ナチズムに対決するドイツ教会闘争の始まり

一年間のアメリカ・ユニオン神学校留学から帰国したボンヘッファーは、一九三一年八月一日付で、ベルリン大学神学部私講師に就任し、夏と冬の各学期に、それぞれ一つの講義とゼミナールを担当することになった。「教会の本質」は、一九三二年の夏学期(二六歳時)の講義としてなされたものである。

この時期は、ヒトラーによるナチス政権誕生の前年であり、そこでボンヘッファーは、「ヒトラーは戦争を意味する」と周囲の人たちに語っており、「ユダヤ人問題」こそ来るべきナチズムとの闘争の中心問題であることをいち早く察知して、論文「ユダヤ人問題に対する教会」を書いた(一九三三年四月)。その中でボンヘッファーはユダヤ人問題とは「人種差別の問題」であると共に、「国家に対する教会の責任」について考えさせる問題であることを明確に述べている。

そしてボンヘッファーはさらに右論文の後半の部分で、「限界状況」における第三の可能性として、〈国家〉という車の犠牲となった人々を助け介抱するだけでなく、暴走する車そのものを停止させる責任の問題を提出している。ここにはすでに（一九三三年四月の段階で）、後にボンヘッファーが教会的抵抗の枠を一歩踏み越え出て、ヒトラーの支配体制の終結を目ざす政治的地下抵抗運動の参加にふみ切るに至る内的必然性が明確に予示されている。

2　草創期のエキュメニカル運動への参加

教会の一致を目ざすエキュメニカル運動は、二〇世紀初頭の一九一〇年、イギリスのエディンバラで開かれた世界宣教者会議をもってその出発点とすることは、衆目の一致するところである。その前史としては、一九世紀末におけるＹＭＣＡ（一八四四年）、ＹＷＣＡ（一八五五年）の創立があり、そこからＳＷＣＦ（世界学生キリスト者連盟、一八九五年）が結成され、ジョン・Ｒ・モットやヴィッザ・トーフト等多くのキリスト者青年信徒たちの働きによって、二〇世紀におけるエキュメニカル運動は推進された。

一九三一年九月以来、ボンヘッファーは「教会の国際的友好活動のための世界連盟」

の青年幹事のひとりとして、一九三七年まで多くの協議会に出席して草創期のエキュメニカル運動のために力をつくした。特にチェコスロバキヤのチェルノホルケス教会で開かれた国際青年協議会(一九三一年七月二〇日―三〇日)でした「世界連盟の運動の神学的基礎付けへの試み」と題する講演、またデンマークのファネー島で開かれた青年協議会(一九三四年八月二二日―三〇日)でした「平和講演」(八月二八日)は、三〇年代のエキュメニカル運動に関するボンヘッファーの重要な貢献の一つに数えられている。

特に前記のファネー講演でボンヘッファーは、「平和」と「安全保障」とが取り違えて理解されていることを戒めて、「〈安全〉の道を通って〈平和〉に至る道は存在しない。なぜなら、平和は敢えてなされなければならないことであり、それは一つの冒険であるからだ。安全を求めるということは、そこに(相手に対する)不信感があるからだ。そしてその不信感が、ふたたび戦争を引き起こすのだ」と語って、「根本的な平和――キリストの平和」を呼びかけ、平和のための世界教会会議の開催を提唱している。

残念ながらボンヘッファーのこの提言は実現されず、その後の世界はヒトラーによる第二次大戦に突入する(一九三九年九月一日)。

しかしここには、「剣を打ち替えてすきとせよ」というイザヤの平和預言(イザヤ二・四)、カント「永遠平和のために」(一七九五年)を経て、日本国憲法九条の「不戦平和主義」に通じる、敵意と不信を取り除いて、和解と信頼を基とする真の平和・共生に至る道が示されているように思われる。

3　バルト―ボンヘッファー―バルトの線で

ボンヘッファー（一九〇六―四五）は、その若き日にカール・バルト（一八八六年―一九六八）の「ロマ書」、「神の言葉と神学」などの読書を通してバルトの影響を受けたが、その教会論的展開、ユダヤ人問題との取り組み、エキュメニカル運動とのかかわりなどの面ではボンヘッファーが先行し、戦後のバルトは、ボンヘッファーの遺した課題を継承展開し、エキュメニカル運動の推進、他者のため―世のための教会の使命、反核平和運動への貢献に力を発揮したのではないかと見ることができる。この意味ではむしろ「バルト―ボンヘッファー―バルトの線」と言ってもよいのではないかと思う。

Ⅱ　『聖徒の交わり』から『教会の本質』へ

「教会の本質」は、前述したように一九三二年のベルリン大学神学部の夏学期における二〇時間の講義であるが、その原文は失われて存在していない。受講生のひとりであったハンス・リュツペルトの講義ノートを基にして再現され、戦後の一九七一年に、クリスチャン・カイザー出版社から、オットー・ドゥトゥスの序言を付したカイザー・トラクト三として編集出版された。E・ゼーベルク教授の許でなされたベルリン大学神学部の卒業論文「聖徒の交わり」（一九二七年）の中のキーワード「教会として実存するキリスト」（Chiristus als Gemeide existierend）の教会論的展開が本書で意図されている。

ボンヘッファーにとって、神学は本質的にキリスト論であった。しかしキリストは、その体なしには存在し給わないから、キリスト論は本質的にその中に教会論を含むのである。（ジョン・D・ゴッジー）

この講義において注目されるのは、通常のような「教会とは何か」という教会本質論からでなく、「教会をめぐる今日的な問い」という問題から入って、教会のあるべき「場所」はどこかと問い、教会の「形」に説き及ぶという議論の流れの中で、教会の問題が具体的、今日的に展開されているという所である。「ボンヘッファーは〈現実性の神学者〉である」（アンドレ・デュマ）。

ボンヘッファーの神学における現実的なテーマは第一に「キリスト」であり、次にキリストの体なる「教会」であり、第三に教会の存在する場所としての「世界」である。

III　「教会の本質」の内容とその今日的意義

1　キリストと教会

ここで受肉、律法の成就、十字架、復活において、教会を基礎づけるものとしてのキリストの代理的行為が、「主」「兄弟」「教会」という三重の意味で述べられている。「キリストは教会の〈創設者〉（Gründer）ではなくてその〈基礎〉（Grund）であること」「キリストは教会の〈主〉であると共にわれわれにとっての〈兄弟〉であること」が述べられている「教会の共同体構造―兄弟キリスト」の項は興味深い。

キリストはわれわれの兄弟である。しかしそのゆえに、我々にとっては兄弟もまたキリストになることができるのである。他者が自らを人格として全く求め、あるいは与えるところでは、彼はわたしにとってはキリストとなるのである。そしてそのことは、具体的なできごととしてわたしに起こるのである（マタイ二五・三五以下）。

2　信仰告白の歴史性現代性

「教会と宣教」の問題を取り上げている「行動する教会」では、「信仰告白」の問題が今日的で興味深い。

ボンヘッファーは、「信仰告白とはわれわれが真実に現在、神の前に立つという事柄である。だから単に伝統を保持するだけでは、決定的な役割を果たすことはできない。われわれの信仰告白においては、ただ単に(頭の中で)考えられたことだけではなくて、告白された言葉自身が真実でなければならない」と述べ、このことを「処女マリアより生れ」と「陰府に下り」という二つの言葉を例として説明している。またこの点で「使徒信条は(現代的)信仰告白としては充分ではない」と言う。

使徒信条は(そしてその他の古代的信仰告白も)ベツレヘムからゴルゴタへと直行して、その中間にあるべき「社会的キリスト」への告白の欠落が問題である。

この点で「現代的」信仰告白の典型としての「カナダ合同教会信仰告白」(一九六八年、一九八〇年一部改訂)、また讃美歌21の二八〇番「馬槽の中に」(由木康作詞、安部正義作曲)の第二節に学ぶところが多い。

食するひまも、うちわすれて
しいたげられし　ひとをたずね
友なきものの　友となりて

こころくだきし　この人を見よ。

ここに「社会的キリスト」告白がある。

また「カナダ合同教会信仰告白」がその現代的表現として、

わたしたちはひとりではない。
わたしたちは神の世界に生きている。
いのちあるときも　死のときも、死のかなたにある生においても、
神はわたしたちと共にいます。
わたしたちはひとりではない。

と告白しているのは意味深い。それは旧新約聖書を貫く「インマヌエル　アーメン」（神、共にいます）の信仰告白であり、古代と現代の歴史を貫く聖書的信仰告白の典型例である。

そしてここでボンヘッファーが「世界に対するキリスト教会の第一の信仰告白は行為であり、行為だけが、世界を前にしてのわれわれの信仰告白である」と述べているのは意味深い。それは決して「言葉による告白」の意味を軽視しているのではなく、「行為

によって表明される告白」、「行為語」の持つ意味を深く考えるところから来ているように思われる。告白が行為と切り離されて、ただ表面的な言葉だけのものになってしまう時、その告白は、生命を失ったお題目になり終わるであろうことが、ここで戒められているのである。

3 万人祭司の今日的意義

ここでボンヘッファーは、ルターに由来する「万人祭司」（むしろ「全信徒＝キリスト者祭司性」と表出すべきであろう）という概念が、祭司的な仲保者なしに直接的に神と交わる個々人の権利であると考える個人主義的理解を戒めて、「祭司は、すべての他者（教会《ゲマインテ》）に代わって（のために）神の前に立つ者であり、したがって祭司の働きがあるひとりの個人の手に永続的な所有として与えられることはありえない。この機能は教会に、すなわちすべてのキリスト者に与えられるのである」として、祭司の機能が司祭・神父にだけ永続的に与えられるというカトリック的理解をも退けている。

兄弟においてキリストが私たちに出会い、またキリストにあってわたしは初めて兄弟に、聞くのである。水平面と垂直面は、たがいに切り離しがたく結びついている。そのようにしてのみ教会の個人化は回避される。

「キリスト御自身は、賜物であるだけでなく、また模範でもある」というルターの言葉を引用して、「賜物」であるキリストに学ぶことから、キリスト「にまねび」、キリストを「模範」としてキリストに従いつつ生きることへの前進、すなわち「信仰」から「服従」への道が示唆されているのは意味深い。この問題は後に、フィンケンヴァルデ牧師研修所における講義「キリストに従う」がまとめて出版され（一九三七年十一月）、ボンヘッファーの主著となったのに見ることができる。

Ｈ・クレーマーが、召命を受けて信徒になるために受ける洗礼を「第一次的（基本的）按手礼」、その後で召命を受けて教職になるため受ける按手礼を「第二次的按手礼」と区分し分析しているのは示唆的である。（Ｈ・クレーマー『使徒の神学』一九六〇年、小林信雄訳、新教出版社）。

4　教会の場所

ボンヘッファーがこの「教会の本質」講義を序章「教会についての今日的な問い」から入って、その第一部「教会の場所」と続いているのは示唆的である。そこで教会は、そこで神が語り、われわれのために存在したもう場所である。そこでボンヘッファーはこう語る。

> 神は一つの場所に、すなわちキリストにおいて、教会において（教会における）説教の言葉において存在したもう。この一つの特定の場所に結びついたところで、神はわれわれのための神でありたもう。（序章）

続いてボンヘッファーは（A）世界において、（B）キリスト教において、（C）教義神学においての、三つの視点から、教会の場所についての考察に移る。

この世界における教会の場所とはどこにあるのか。それははじめから具体的に示されているわけではない。それはこの世におけるキリストの現臨の場所であるとして、〈国家教会〉も〈市民階級〉もその場所ではなく、歴史的な尺度によれば、ローマ帝国の時代のガリラヤや、また一六世紀におけるヴィッテンベルクがそうであったように、それはまったく（この世界の）辺境に位置することもあり得るのである。

ここで思い起こされるのは、キューバ出身の歴史神学者フスト・ゴンザレスの大著『キリスト教史』の結語「地の果てからの宣教」の一部である。

そこで今や、神から力を与えられて来た貧しい人々の〈下からの〉視点に立って、キリスト教教理と生活の全体を見直そうとする神学が起こって来た。二一世紀は、南から北への大規模な宣教の時代となるであろう。一世紀前には〈地の果て〉と見なされていた国の住民が、今度は、かつて自分たちに福音をもたらした人々の子孫に対して、信仰の証しをする時代が来るのである。

この講義が終わった一九三二年七月二四日の一週間後の七月三一日に行われたドイツの総選挙で、ヒトラーの国家社会主義ドイツ労働党（ナチス党）は、二三〇の議席を獲得した。その最終講義「教会と国家の問題」には、当時の時代状況に関するボンヘッファーの万感の思いが込められていたことに間違いはないであろう。

〈結〉

教憲教規や信仰告白が第一ではなく、キリストを土台とし、聖書のみ言葉に導かれることによって教会は形成される。

〈参考文献〉

H・クレーマー『信徒の神学』(新教出版社、小林信雄訳、一九六〇年)
井上良雄編『地上を旅する神の民――バルト「和解論」の教会論』(新教出版社、一九九〇年)
ジョン・D・ゴッジー『ボンヘッファーの神学』(ウエストミンスター社、一九五八年)
フスト・ゴンザレス『キリスト教史』上下(新教出版社　石田学、岩橋常久訳、二〇〇三年)
森野善右衛門『ディートリッヒ・ボンヘッファー――キリスト・教会・世界』(福音企画印刷、二〇一一年二刷り)

(二〇一六年三月八日、前橋教会、同年三月二八日、所沢みくに教会での講演)

(『ホ・ロゴス』一九巻三号、二〇一六年九月)

教会はどこに立つか

今日の発題では、マタイ福音書を中心として、その中からいくつか重要なテキストを取り出して、伝道論的な視点から、その読み解きを通して、開拓伝道の今日的課題を考えてみたいと思う。

教会の場所

ディートリッヒ・ボンヘッファーは、一年間のアメリカ・ユニオン神学校留学から帰国して、一九三一年八月にベルリン大学神学部私講師に就任し、夏と冬の各学期に、講義とゼミナールを担当した。三二年夏学期には「教会の本質」と題する講義をしているが（二六歳の時に）、それはヒトラー政権成立前年の緊迫した情勢下においてなされたものである。

その講義において注目されるのは、通常のような「教会とは何か」という教会本質論からでなく、「教会をめぐる今日的な問い」という問題から入って、教会のあるべき

「場所」はどこかを問い、教会の「形」に説き及ぶという流れの中で、具体的に展開されていることである。

ボンヘッファーは、教会の本来的な場所はこの世におけるキリストが現にいます場所であるとして、教会の基盤は国家教会でも市民階級でもなく、教会は神によって選ばれ、世に派遣される群れとして、この世の特権的な場所を放棄して、ただキリストの言葉と罪の赦しにのみ依り頼り、キリストに仕えるゆえに世に仕える「世のための教会」であるとする。そのような教会は「歴史的な尺度によれば、ローマ帝国の時代のガリラヤや、また一六世紀にヴィッテンベルクがそうであったように、まったく辺境に位置することもありうるし、その場合に周縁（辺境）が世界の中心となるのである」とボンヘッファーは語っている（『教会の本質』邦訳一四一―一七ページ）。

受講生のノートによって再現されたボンヘッファーのこのような講義の内容は、今日の教会のあるべき場所に光をあてる洞察を含んでいる。そこで東京ではなくて、北海道が、沖縄が、日本の中心となる。辺境から見る時、日本が見え、世界が見えて来る。キリストは、この世のもっとも小さい者、貧しい者と共に歩まれた。そのようなキリストに注目するとき、教会の立つべき場所はどこにあるかが見えて来るのではなかろうか。

キリストとの出会い――弟子の選び

以上述べたことを前置きとして、以下においては、マタイ福音書からいくつかのテキストを取り上げてみよう。はじめに、まずその内容の全体構造を頭に入れておくことがよいであろう。

一・一―一七で、イエス・キリストの系図を、アブラハム、ダビデを軸とするイスラエルの歴史に位置づけて、イエス・キリスト誕生のできごとを物語り、「〈見よ、おとめがみごもって男の子を産むであろう。その名はインマヌエルと呼ばれるであろう〉。これは、〈神われらと共にいます〉という意味である」（一・二三）と要約する。そして「ガリラヤにおける弟子の選びと派遣」（四・一八―二五）があり、イエスは弟子たちと共に「イスラエルの家の失われた羊のところに行き」（一〇・六）、神の国の福音を宣べ伝える（五・二〇）。

イエスの受難、十字架の死と復活（二一―二八章）の後に、一一人の弟子たちはガリラヤにおいて復活の主に再会し、ここでイスラエルの限定は撤廃され、世界宣教の使命を受ける（二八・一六―二〇）。「見よ、わたしは世の終りまで、いつもあなたがたと共にいる」（二八・二〇）という結びの言葉は、「インマヌエル―イエス・キリスト」（一・二三）

のくり返しであり、マタイ福音書全体の要約、その帰結である。

マタイ福音書は、律法とその成就を強調するユダヤ的色彩の濃い福音書であると考えられているが、しかしその内容は極めて伝統的であり、キリストとの出会い、弟子の選びと派遣がその中心をなしている。「弟子になること」「弟子とすること」がマタイ全体のキーワードであると言ってもよい。

「弟子」という言葉は、マタイで七三回（マルコ四六回、ルカ三七回）用いられており、「弟子にする」という表現は、マタイにのみ三回出てくる。その宣教内容の中心も、マルコでは「福音」（一・一、一六・一五）であるが、ルカは「罪の赦しと悔い改め」（二四・四七）であるが、マタイでは「弟子とすること」（二八・一九）である。

福音書は単にイエスの伝記として読むだけでは不十分である。福音書は、イエス（キリスト）と出会い、イエスに選ばれ、イエスの弟子となった人たちの物語であり、その証言葉である。しかしこの出会いのできごとは、ただ単に昔の物語ではなく、歴史を貫いて今日に至るまでくり返し起こっている。ガリラヤの海辺は、世界のいたるところにあるのである。イエスとの出会い→弟子になる→弟子とする→……。伝道とは、このイエス・キリストとの出会いのサイクルに人びとを招き、巻き込み、イエスにあって共に生きようとする働きかけである。

昭和の一ケタ生まれの私は、戦時下に皇国史観による軍国主義教育を受け、天皇を現人神と信じ、お国のため、天皇のために死ぬことこそ最高の栄誉であるとする軍国少年として育てられた。そこで敗戦後の数年間を、信じる対象を失った青春の彷徨の日々をすごし、旧制高校時代にキリスト者教授夫妻に出会ってキリストに導かれ、四八年に受洗してキリスト信徒としての生活を歩み始めた。関屋綾子著『ふり返る野辺の道』（教団出版局、二〇〇〇年）に、「無神論者」としての私が紹介されている。キリストとの出会い、神の導きの不思議さを思わされる（一二〇―一二五頁）。

教育と宣べ伝えといやし――包括的伝道

イエスはガリラヤの全地を巡り歩いて、諸会堂で教え、御国の福音を宣べ伝え、民の中のあらゆる病気、あらゆるわずらいをおいやしになった。（マタイ四・二三）

ここには、イエスが弟子たちと共になされた神の国のための働きの内容特色が要約的に示されていて、今日の教会の伝道を考える上でも示唆的である。ここには（一）教え（ディダケー）、（二）福音の宣べ伝え（ケリュグマ）、（三）いやしのつとめ（ディアコニア）の三つの働きが分離対立せず、組み合わされて行われるとき、そこに真に実りある伝道の働きがなされるであろうことが示されているように思われる。そこで（一）は、イエスとの交わり、また信徒の交わり（コイノニア）の形成を通して共に育つこと（教育は共育である）、（二）は言葉をもって福音を宣べ伝えること、宣教――説教のつとめ、（三）は生活上のさまざまの配慮、社会奉仕的な働き、また「正義と平和といのち」のための社会活動をさしていると考えてよい。福音の伝道とはイエスとその弟子たちの時代以来、この三つの間での働きを包み含む「包括的な」わざであったと理解されるべきであろう。

とすると、たとえば戦後の教団が、特に六〇年代以後、「宣教」をより包括的概念として、その下に（中に）「伝道」を位置づけたとき、そこに事柄の混乱、抽象化が起こったのではないか。宣教はしているが伝道はしなくてもよいという弁解が成り立つようになった。従来の「伝道」は〝evangelism〟の訳語として用いられたので、より包括的な働きを指す〝Mission〟という言葉の訳語として「宣教」をあてたところに問題があった。前者は直接伝道、また内国伝道、後者は海外伝道を意味する言葉として用いられて来たが、そのような区別、使い分け自体が、すでに今日的ではないのである（一九世紀的！）。〝Mission〟の主体は、神ご自身であり、それに応える教会の働きとしての〝missions〟がある。そこで「ミッション」は「宣教」というよりも、むしろ「派遣」「使命」と表現されるのが適当ではなかろうか。「宣教委員会」は「教会の使命・派遣」

を包括的に考え取り扱う委員会として、「教会の使命」委員会、ないし「包括的伝道」委員会と改めた方が良いと思う。

伝道をめぐる「教会派」と「社会派」の対立も、本来あるべきではないのであって、教会の伝道の対象は全世界であるのだから、「福音的」であることは当然「社会的」であると言える（しかしその逆は必ずしも真ではない）。教団の「伝道決議」は評価されるが（それは極めて当然のことである！）、それが教会の社会的責任や活動と対立的に考えられ、なされることのないように留意されることを望みたい。

「わたしは道であり、真理であり、命である」（ヨハネ一四・六）。「道」とは、イエス自身を指すと共に、キリスト教の本質と核心を示す言葉である。イエスは、「わたしは道である」と言われたので、「わたしは教えである」とは言われていない。この意味においては、「宣教」ではなくて「伝道」こそが、教会の使命と働きを示すより本質的でまた具体的な言葉であるとすべきではなかろうか。

中間時・教会の時——エキュメニカルな伝道

「そしてこの御国の福音は、すべての民（エスネー）に対してあかしをするために、全世界（オイクメネー）に宣べ伝えられるであろう。そしてそれから終り（テロス）

が来るのである。」（マタイ二四・一四）

これは今日の教会の伝道を考えるのに、大変重要なテキストである。教会の伝道は、ペンテコステにおける聖霊の降臨――教会の誕生と共に始められたのであり（使徒二章）、それは終りの時の始まりであり、終りの時をめざしてなされる働きである。そこには、教会の伝道が、キリストの第一の来臨（言の受肉）と第二の来臨（終末時）との間の時の中でなされるべきわざであることが示されている。この中間時は、教会の時であり、伝道の時である。それは、「全福音を、全世界に向けての、全教会における」（ＷＣＣ、中央委員会、一九五一年）伝道であり、この言葉の真実な意味における「エキュメニカルな」伝道である。

この中間時に生きる教会は、「待ちつつ、急ぎつつ」（Ⅱペテロ三・一二）、「今の時（戒ロス）を生かして用いなさい」（コロサイ四・六）と勧められている。

八三年のバンクーバー大会以後、世界教会協議会（ＷＣＣ）は、教会の宣教を活動の課題として「正義・平和・被造世界の保全」（ＪＰＩＣ）を掲げているが、ここに二一世紀に向かう世界に対して宣べ伝えるべき教会のメッセージが示されているように思われる。「被造世界の保全」と訳された"Integrity of Creation"は、より端的に「いのち」

と表出されることがふさわしい。とするとこの「いのちの宣教」こそ、第二者をも包括する今日の教会の宣べ伝えるべきメッセージの核心である。「保全」という訳語には、なお人間中心的な「自然保護」思想が見られるが、神の被造世界の「いのち」は全一的、循環的であって、自然によって守られ、保護されて生きることを許されている存在であることが、ここであらためて思いおこされなければならないであろう。A・シュヴァイツァーの「生への畏敬」の倫理は再評価されるべきである。

小さい者こそ大きい

イエスは多くのたとえ話で神の国の福音を宣べ伝えられた。たとえば「からし種とパン種のたとえ」(マタイ一三・三一―三三)。「畑に隠された宝のたとえ」(マタイ一三・四四)。ここで言われているのは、「小さいもの」「少量のもの」「隠されてあるもの」「目にも見えないもの」の中に秘められている大きな力、価値に注目させることであった。小さいものが連続的に成長発展して「大きくなること」に主眼があるように読む者は、このたとえ話の核心を読み誤っていると思う。それは後世の読み込みであろう。この点で古屋安雄氏の「キリスト者一〇％社会勢力論」は、社会的参加としては面白いが、それは効用説に立って目的と手段を顛倒させた考え方であって、伝道戦略論としても説得的ではない。

数の増加それ自体は、必ずしも否定すべきことではなく、そこに神の祝福のしるしを見ることはできるであろう。しかしそのことはあくまで神の伝道の結実（果）と見るべきで、それをもって伝道の目的（目標）とすることは、神の伝道にはふさわしくない。「救霊三〇〇万」とか「一千万」とか言われるが、なぜ「全日本一億二千万」でないのか。「全世界」を目標としないのか。「すべての人に対しては、すべての人のようになった。なんとかして幾人かを救うためである」（Ⅰコリント九・二二）というパウロの言葉は、福音の教会の伝道戦略を立てるためにも有効な指針を示しているであろう。“think globally, act locally.”

「小さい者こそ大きい」（ルカ九・四八）という神の国の逆説的真理が、ここで語られているのである。教会の成長（教勢）を数量的にのみ測るのでなく、また歴史の長さをのみよしとするのでもなく、小さいもの、弱いものを通して働く神の力（神の伝道）に信頼して歩むことがたいせつである。

わたしたちは、見えるものによらないで、信仰によって歩いているのである。

（Ⅱコリント五・七）

兄弟キリスト

「わたしの兄弟であるこれらの最も小さい者のひとりにしたのは、すなわち、わたしにしたのである。」（マタイ二五・四〇）

マタイ二五章には、天国―終末に関する三つのたとえ話が収められている。（一）一―一三節（十人の乙女のたとえ）。（二）一四―三〇節（タラントのたとえ）。（三）三一―四六節（最後の審判のたとえ）。そこでは終末における審判が予告され、終末をいかに待ち、迎えるべきかについてのいましめが語られている。そのようなコンテキストにおいて、（三）のたとえは、小さな兄弟の愛のすすめとして読まれて来た。そこで小さい兄弟とは、果たしてキリスト者の兄弟なのか否か問われた。

そのような読み方が間違っているとは言わない。しかし特に（三）においては、最も小さい兄弟に対してした小さな愛の行為が、「わたし（イエス）に対してしたのである」（二五・四〇）と言うまでに「最も小さい兄弟」と「イエス」とが同一化して語られてるところに注目して、このテキストを、①今、どこでキリストに出会うのかという観点から（キリスト論的に）、②キリストの今、いますところに、教会が立つという観点から

（教会論的に）、読むこともできるのではなかろうか。そのような読み方を試みているのがJ・モルトマンである（『聖霊の力における教会』Ⅲ・七、「キリストの現在における教会の場」参照）。

使徒職は、教会とは何かということを語る。最も小さい者は、教会はどこにあるかを告げるものである。（邦訳一九五ページ）

教会が、教会の〈外で〉、飢え、渇き、病に伏し、裸にされ、囚われている人々におけるキリストの現在に対して、どのように対応するかということである。……〈キリストのいますところ、そこに教会がある〉というキリストの現在の約束への教会の統合が問題なのである。……それは変容や同一性を意味するのものではなく、同一化を意味するものであることが留意されねばならない。（邦訳一九六ページ）

ボンヘッファーも「教会の本質」講義の中の「教会の共同体構造――兄弟キリスト」で、このテキストを取り上げて同様のことを述べている。

キリストはわれわれの兄弟である。しかしそのゆえに、われわれにとっては今や兄弟もまたキリストになることができるのである。他者が自らを人格として求め、あるいは与えるところでは、彼はわたしにとってはキリストとなるのである。このことは、キリストとの同一性は決して絶対的ではないということを意味している。このことは具体的なできごととしてわたしに起こるのである。

（邦訳四三―四四ページ）

ここでは、キリスト論→教会論→倫理の展開、という筋道がたいせつであろう。

大宣教命令――わたしはあなたがたと共にいる

「わたしは天においても地においても、いっさいの権威を授けられた。それゆえに、あなたがたは行って、すべての国民を弟子として、父と子の聖霊との名によって、彼らにバプテスマを施し、あなたがたに命じておいたいっさいのことを守るように教えよ。見よ、わたしは世の終りまで、いつもあなたがたと共にいるのである。」（マタイ二八・一八―二〇）

これがマタイの末尾におかれている「大宣教命令」（Great commission）であり、ガリラヤに再結集した一一弟子たちに対する復活のキリストの命令として発せられていることが重要である。

ここでの中心的な言葉は「弟子とせよ」であり、洗礼（バプテスマ）は、教会への入会式にとどまらず、世への派遣式（第一の按手礼式）として位置づけられている。そしてこの命令は、「わたしは世の終りまで、いつもあなたがたと共にいる」（インマヌエル）という約束の祝福の言葉によって結ばれていることに注目しなければならない。

招集から派遣へと弟子たちは進む。教会はこの世の荒野を開拓し、そこに主の道を備え、神の国を待ち望み、証ししつつ、終りの時までこの世の馳場を走り抜く開拓の教会である。

開拓伝道について

岩波書店から今年六月に出版された『岩波キリスト教辞典』に、私もいくつかの項目を執筆したが、その中で「開拓伝道」について次のように書いた。

（従来の理解によれば）まだキリスト教の伝えられていない地域に対する伝道、教会のない所に新しい教会を建設する働きなどを言う。一六世紀に始まり、一九世紀に頂点に達した〈海外伝道〉では、欧米キリスト教世界から、アジア、アフリカ、ラテン・アメリカなどの非キリスト教地域に対する開拓的伝道がなされた。しかし一九六〇年代以降は、いわゆる〈キリスト教国〉を含む〈六大陸における伝道〉が強調され、また伝道の主体は神であり〈神の伝道、ミッシオ・デイ〉、伝道の対象は全世界（オイクメネ）であると考えられるようになっている（マタイ二四・一四）。そこでの伝道は教職中心ではなく、全信徒の、全生活を通して、宣教と交わりと奉仕を含む〈包括的伝道〉としてなされるのである。

したがって、すべての伝道は開拓伝道である、というのが私の理解である。

（参考文献）
J・モルトマン『聖霊の力における教会』（新教出版社、一九八一年）
D・ボンヘッファー『教会の本質』（新教出版社、一九七六年）
デイヴィド・ボッシュ『宣教のパラダイム変換』（上下、二〇〇〇年、二〇〇一年、新教出版社）

井上良雄編『地上を愛する神の民――バルト「和解論」の教会論』（一九九〇年、新教出版社）
『岩波キリスト教辞典』（二〇〇二年）「開拓伝道」
森野善右衛門『他者のための教会』（一九八〇年、新教出版社）
森野善右衛門『教会はどこに立つか』（二〇〇一年、自費出版）

（日本基督教団第三三回開拓伝道協議会、二〇〇二年九月一四日、埼玉県民活動総合センターにおける発題講演）

教団の教会論を問う

1　安息日は人のために

マルコ福音書二・二三―二八、コリント第二の手紙一三・六―一七

「教憲教規」は教団が制定した規則であるので、まず始めに聖書から、教会にとっての規則とは何か、それを守ることの意味について学びましょう。

マルコ二章二三節から三章六節にかけて、安息日（律法）をめぐる、イエスとパリサイ人たちとの二つの問答が記されています。「安息日を守る」ことは、モーセの第四戒（出エジプト記二〇・八―一一）に出てくる重要な律法の一つです。ユダヤ教の中でもパリサイ派は、律法を守ることを強調しましたが、イエスの時代のパリサイ派の教え方は形式化して、安息日は祝福であるよりも「してはならない日」とされ、この日に禁じられた労働は三九種類にもなっていたということです。

ある安息日に、イエスが麦畑の中を通って行かれ、そのとき弟子たちが、歩きながら

麦の穂をつみはじめたのを見てパリサイ人たちが、「彼らは安息日にしてはならない麦の穂をつむという労働をした」と非難した。

それに対してイエスは、ダビデの古事を引いて（サムエル記上二一・一―六）語られるのですが、次の言葉が決定的です。

「安息日は人のためにあるもので、人が安息日（律法）のためにあるのではない。」

（マルコ二・二七）

「律法―規則」は何のためにあるのか。それは人を救い、養い、必要をみたすためにあるもので、人が安息日（律法）のためにあるのではない、とイエスは言われたのです。そしてこのことは、続いて記されている安息日問答の場面で、イエスが片手のなえた人の手をとってそのなえた手をいやし、次のように語られた言葉において、より明確に示されています。

「安息日に善を行うのと悪を行うのと、命を救うのと殺すのと、どちらがよいか。」

（マルコ三・四）

イエスは、安息日（律法）を否定したのではなく、そこで人を生かし救うというその目的にふさわしく行動したのです。

第二のテキストとして、パウロの手紙の中から、コリント人への第二の手紙をとり上げます。パウロはもとパリサイ派のユダヤ人で、「激しく神の教会を迫害し、荒し廻っていた」のでしたが（ガラテヤ一・一三）、ダマスコの近くで復活のキリストに出会って回心し、一転して「キリストの使徒」となった人です。それによって律法の意味が大きく変わったことが、次のパウロの言葉によく示されています。

　神はわたしたちに力を与えて、新しい契約に仕える者とされたのである。それは、文字に仕える者ではなく、霊に仕える者である。文字は人を殺し、霊は人を生かす。
（コリントII三・六）

　主は霊である。そして、主の霊のあるところには自由がある。（同三・一七）

教会の働きを生かし導くのは、規則ではなく、主の霊であり、キリストの力です。神学者のカール・バルトが、最晩年に初めてアメリカを旅して、今日の教会と神学にとって、聖霊の神学――自由の神学の重要性について語ったのが印象的です。

私は今日、至るところに不自由の危険が存在するのを見ます。だから私はアメリカ旅行の時に、アメリカ人に対して、私の講演の結びの言葉として、今日アメリカで〈自由の神学〉が始められることを期待すると呼びかけたのです。この自由とは、主権を持つ神の自由であり、責任を負う人間の自由である。この一点で、精神のあり方は分れます。

（『新教』五九号、一九九〇・三・一五）

このバルトの発言は、五〇年の時間の隔たりを超えて、今日の教会・キリスト者に語りかける未来からの声であるように聞こえるのです。

2 「正しい聖礼典」とは

二〇〇〇年代になって、山北宣久議長の時代になってから、議長名での各教区総会への挨拶文の中に、「正しい聖礼典の執行」についての訴えがなされるようになりました。そこで北村慈郎牧師の「未（非）受洗者」への配餐が「教憲教規違反」であるとされ、十分な議論も尽くされないままに、二〇〇七年一〇月二二、二三日に開かれた教団常議員会で、常議員のひとりである北村牧師に対する「教師退任勧告」がなされました。

しかもこのような重大な決定が、出席議員二九名の半数をわずかに超える一六名の賛成（一三名の反対）で可決されたのです。

このような重大な議案は、少なくとも三分の二での可決とすべきであったし、そのことの本質的な議論を尽くさないままに決定する教団常議員会の拙速な措置は、真理における教会の一致を傷つける行為であると言わざるを得ません。石橋議長は「教憲教規には、洗礼から聖餐へと明確にうたわれており、変更されたことはない」と言われるが、しかし教憲教規には、「聖礼典はバプテスマ（洗礼）および聖餐である」（教憲第八条）とされているだけで、その順序については何もふれていません。

「聖餐には、洗礼を受けた者だけがあずかることができる」という文言は、教憲教規のどこにも記されていないのです。「陪餐会員」という言葉はありますが、それは「未陪餐会員」（幼児会員）に対して言われている文言で、「未陪餐会員のない教会ではこの限りでない」（教規第一三五条）。そこではただ「だれが教会の会員（信徒）であるかということが規定されているので、洗礼を受けて会員名簿に登録された者がその教会の会員となる、という規定なのだと考えるべきです。

準則第八条①には「聖餐にはバプテスマを受けた信徒があずかるものとする」という規定がありますが、ではなぜこれを教憲教規の「本則」に入れないのか、という私の質問に対しては、「それは暗黙の了解です」という答えがあっただけでした。これでは何ら問題の解決にはならないのではないでしょうか。つまり教規第一三五条は、「だれが教会の会員（信徒）（church member）であるか」ということを規定しているので、そこで「陪餐会員」と「未陪餐会員」という用語をつくって、会員を二種類に分けるのは適当ではない。

「正しい」聖礼典とは何か、については、エキュメニカルなレベルでも教団内でも、まだ議論が尽くされていないにも拘わらず、一方的に打ち切られて、「教師免職」の決定に至ったことについては問題を感じます。

3 「教義の大要」と「教団信仰告白」

教団の現行教憲第三条が「削除」となっているのには歴史的事情がある。一九四一年の教団成立時の教団規則第五条に入っていた「教義の大要」——それは信仰告白ではないが、合同のために必要な最小限度の福音主義教会の教義の要約である——が、戦後の一九四六年の第四回教団総会で新しく改定成立した教憲第三条に、そのまま横滑りして掲げられ存続し、一九五四年の第八回教団総会で、現行の「教団信仰告白」が制定可決されたのに伴って、教憲から新たにつくられた教団の歴史を叙述した「教団成立の沿革」の中にそのまま移行して、第三条は「削除」となったのである。

そして教団成立時の教団規則第七条「生活綱領」の第一に入っていた「皇国ノ道ニ従ヒテ信仰ニ徹シ各其ノ分ヲ尽シテ皇運ヲ扶翼シ奉ルベシ」は、「戦時色が強すぎた」として、戦後こっそりと（何らの罪責告白もなく）削除され、第八回総会で同時に新しい生活綱領が制定されたのである。

つまり現「信仰告白」は「教義の大要」の戦後版であり、そのことの反省の上に立った、罪責告白から出発する新しい信仰告白が求められている。関東教区「教団罪責告白」（二〇一三年五月総会で可決成立）はその試みの一つである。

4　「公同教会」と「合同教会」

教団教会論については、雨宮栄一著『日本キリスト教団教会論』（一九八一年　新教出版社）があり、大へん参考になりますが、現在品切れで入手困難となっているのは残念です。（出版社にぜひ重版を要請します）
私の理解では、教団が「公同教会」（ecclesia catholica）であるとは、「その教会が聖書の示すところによって、福音主義的、正統的信仰に立つところにあり」（雨宮著一六頁）、教団が「合同教会」（united church）であるとは、教会が「おのおのその歴史的特質を尊重しつつ」(教憲前文)一つとなることを目ざす教会の「形」にかかわる規定です。

そこで教団が「合同教会」であるということは、すでに合同を完成した教会ではなく、「多様性における一致」を求めて「地上を旅する神の民」(バルト)であり、それは現在進行中の「合同しつつある教会」(uniting church)であると理解されることがふさわしいと思います。

石橋議長が言われる「教団は公同の教会であり、その中心的な指針はあくまでも洗礼から聖餐へであり、その土台は教憲教規である」という文脈で「公同教会」という言葉が用いられると、そこでの教会(教団)は、多様性を認めない、教条主義的な統制集団となってしまうのではないかということが危惧されます。

教会の土台はあくまでキリストと聖書(カノン)であり、そのキリストへの応答として信仰の告白(クレドー)がなされ、その信仰に生きるために教憲教規(オルドー)が教団によって制定されたのだ、という順序で考えることが基本ではないかと思います。

(二〇一四年七月二一日　館林教会での群馬地区壮年部教団教憲教規学習会講演から)

郵便はがき

料金受取人払郵便

小石川局承認

6313

差出有効期間
2026年9月
30日まで

112-8790

105

東京都文京区関口1−44−4
宗屋関口町ビル6F

株式会社　新教出版社　愛読者係
行

<お客様へ>
お買い上げくださり有難うございました。ご意見は今後の出版企画の参考とさせていただきます。

ハガキを送ってくださった方には、年末に、小社特製の「渡辺禎雄版画カレンダー」を贈呈します。個人情報は小社、提携キリスト教書店及びキリスト教文書センター以外は使用いたしません。
●問い合わせ先　：　新教出版社販売部　tel　03−3260−6148
email : eigyo@shinkyo-pb.com

回お求め頂いた書籍名

求め頂いた書店名

求め頂いた書籍、または小社へのご意見、ご感想

名前 | 職業

住所　〒

話

後、随時小社の出版情報をeメールで送らせて頂きたいと存じますので、
差し支えなければ下記の欄にご記入下さい。

メール

図 書 購 入 注 文 書

書　　名	定　価	申込部数

Ⅲ　惜　別——師友を送り、その志に学ぶ

牧会者のポートレート――福田正俊牧師

神の言の説教者福田正俊

私の福田正俊牧師（一九〇三―一九九八年）との出会いは、私が一九五三年四月に東神大三年に編入学して、信濃町教会に出席するようになった時からである。

信濃町教会は、高倉徳太郎牧師によって一九二四年に日本基督教会戸山教会として創立され、一九三〇年に現在地に新会堂を建立して信濃町教会と改称、一九三四年に高倉牧師の急逝によって福田正俊牧師に引き継がれた。それは戦後一九四六年から一九五一年までの山谷省吾牧師の時代を経て、一九五二年から第二次福田牧師時代が始まった直後の時期であった。

今でも印象に残っているのは、礼拝堂の前方中央に置かれた講壇の重量感と、その見上げるような高さである（新築された現在の会堂では、講壇はずっと低く小さくなっている）。そこから聖日の礼拝毎に語られる福田牧師の説教は、「上から垂直に」（カール・バルト）

語りかけて来る「神の言葉」として、聞く私の耳にひびいて来た。

私は戦後一九四八年に、群馬・緑野教会で、古武士のように情感深く語りかける木村平蔵牧師の説教を聞いて回心し、キリスト信徒としての歩みを始め、広島（文理科）大学時代の三年間は、広島流川教会に属して、谷本清牧師の信仰から社会へと押し出されるような説教を聞いて育てられた。福田牧師の説教はそのいずれとも違って、神の前に立ち、神の言葉によって心をえぐられるような迫力に満ちた説教であった。

福田牧師の説教後の祈りにも感銘を受けた。それは神の前に立たされたひとりのキリスト者としての魂の叫びとでも言える、心からあふれ出るような祈りであったことが、今も記憶に残っている。そこでは説教者・牧会者・キリスト者・求道者が、福田正俊というひとりの人格に結びついたような祈りであった。

一九五〇年代後半から六〇年代にかけての信濃町教会は、戦後の最盛期で、青年の多く集まる、活気に満ちた教会であった。統計によると、一九五九年の礼拝出席者数の平均が二五七名、受洗者数がその前年の一九五八年が三二一名で、いず

れも戦後最高の数を示し、しかもその多くが男女青年会員であった。青年会を中心としての神学書の学びの集いも盛んであった。一九五七年一一月から始められた、ドイツ語原典と英訳を用いてのボンヘッファー『共に生きる生活』（邦訳はまだ未出版であった）の読書会には毎回三十名を超える参加者があり、「説教」が具体化する場としての教会の「交わり」の問題を考え学ぶよい機会であった。

語られる説教と読む説教

福田牧師には、『恩寵の秩序』（一九四一年、長崎書店）、『深き淵より』（同）を始め多くの説教集があり、その中の主要なものは『福田正俊著作集Ⅰ　説教集』（一九九三年、新教出版社、解題・井上良雄）、『日本の説教Ⅱ・八　福田正俊』（二〇〇六年、日本キリスト教団出版局、解題・池田伯）にまとめられていて、今は誰でも読むことができ、そこから多くの学びを与えられる。

書かれた言葉を通し、また書物としてまとめて出版された「説教集」を通して、その説教者の説教にふれることは、み言葉の学びのために有益であると思うが、しかし説教の言葉は、基本的には語られた言葉であって、「はじめに言があった」（ヨハネ一・一）と言われる時の神の「言」（ロゴス）もまた、はじめに預言者を通し、またキリストとその使徒たちを通して語り告げられた言葉であり、それが後に記されて旧新約聖書の言葉となったのである（「新教」一九七九年秋季号所載の拙稿「〈語る説教〉と〈読む説教〉」参照）。

福田牧師の説教の力は、何よりもまず第一に、聖日毎に教会の講壇から語られる説教の言葉から来る。福田牧師没後一〇周年記念会で、私と同時期に神学生として信濃町教会のメンバーであった四竈揚師が語ったことを左に引用する。

「私（四竈）はそのこと、少し上級生の宗藤（尚三）先生などと、〈福田先生の説教っていうのは、最後の五分が勝負だねぇ〉という話をしたりしました。終りの五分くらいになると、少しハイトーンになりまして、説教はここを絶対に覚えてほしいというようなつもりで情熱と力を込めてお話になるのですね。ですから福田先生の説教は、本で読んだだけではわからなくて、最後の五分間を聞かないとわからないのではないかという話をしておりました」（『活ける神を慕う』福田正俊牧師没後十年記念、池田伯／大脇順和編、二〇〇八年、三四頁）。

福田牧師は、戦後の一九四六年二月から五三年三月まで、信濃町教会牧師の任を退き、日本基督教神学専門学校教師専任となる。辞任にあたって福田牧師は、「教師辞任の挨拶」を教会月報に寄せている。ここにも説教のために全力を傾注した牧師の心持ちが真摯に言い表されている。

説教だけは一回も力を抜くことがなかったことを正直に申し上げることができます。（日曜日の）講壇を私の生命として戦いました。（そのために）大抵月曜日は喪心した人のようになりました。

そしてこの挨拶文にはまた、敗戦直後の福田牧師の懺悔にも似た心境が率直にこう述べられている。

私は戦争中の自己をかえりみ、内心忸怩《じくじ》たるに堪えぬものがありました。その心持ちは私が終戦後懺悔の気持ちで書いた『新生』という説教（四五・一〇・一四）の中に記しておいた通りであります。私にはエレミヤのような苦悶と苦衷とが足りなかったわけです。神にも人にも赦されて新しく生き直したいと思いました。

『信濃町教会四〇年』——教会の志

信濃町教会は一九六四年に創立四〇周年を迎えたが、そのことを記念して同年に出版された『信濃町教会四十年——時の間に』（福田正俊、宮本武之助、山谷省吾、森野善右衛門、四氏による分担筆）の「結語」（一六五―一七一頁）の部分に、信濃町教会の使命と今後の展望がまとめられている。ここに教会の「牧者」としての福田正俊牧師の「志」が記されているように思われるので、その要点を左に抜き書きしてみよう。

（一）福音を信じる者は、神が現代においてもキリストを通して端的に語りかけ給うということを信ずる。そこで私共は聖書の必要性と礼拝における説教の重要性を強調する。近代の人間はすべて自己から出発する。しかし、福音的信仰は常にキリストにある啓示から出発する。これが徹底した福音主義の立場である。

（二）私共の立場は、信仰をたんに人間が生きるための手段や意味づけと考える実用主義を拒否する。創立者（高倉徳太郎）はこの立場を『予言者的信仰』という言葉によって表現した。『神の栄光のためにのみ』（Soli Deo Gloria）という言葉は、私共の心からの祈りである。

（三）キリストは今日の私共に対する完全な『答え』である点を特に強調したい。福音と私共の心情を動かし、理性をも納得させ（Ⅱコリント一〇・四―五）、意思をもつくりかえる全人的な答えである。

（結）み言葉に真剣に集中する態度（礼拝）と、この世と文化の中にあって真剣に生きる態度（日常生活）との正しい結合。常に罪の赦しを必要とする人間にとどまることと、この神の恵みに積極的に応える態度との一致。神の国に国籍を持つことと、この無原理で道徳的に頽廃した日本社会において、倫理的判断力を持ち、倫理的行動力をもって生きる態度との正しい調和。福音を聞くことと共に、祈ることの大切さ。家庭における信仰生活や信仰の教育の重要性。これらすべては、私共の教会の幻《ヴィジョン》であると思う。

明日の教団への道

一九七三年、七〇歳をもって信濃町教会牧師を退任した福田師は、以後執筆に専念すると共に、長野教会、仙川教会などいくつかの教会を、説教や講演をもって応援した。

その中で福田師は、七〇年以後の「教団紛争」の中で混迷に陥った教団の前途を深く憂慮して、教団「教職者懇談会」の結成に参加して、同会編『合同教会としての日本基督教団――その教派的伝統と特質をめぐって』（新教コイノニア六、一九八九年）の巻頭に「日本基督教団試論」を発表して、教団成立時の歴史と問題をめぐっての所感を記して次のように述べている。

私は当時の教会の歩みを経験したひとりとして、そして自分自身の事柄として、今なお心臓を抉られるような堪え難い想いを感じる一人である。教団が敗戦の後再出発を決意したとき、その時点で、戦争時代の不明と罪過とを、神とそして痛苦を与えた諸国民に対して、韓国、台湾、その他の諸教会に対しても、個人としてではなく教団の名において、懺悔の真実を表明すべきであったのである。（福田正俊著作集Ⅱ、四二〇頁）

この点で福田師は、鈴木正久議長名で一九六七年に公表された「教団戦責告白」を積極的に評価し、「それは遅すぎた観さえある」としつつ、「もし（教団戦責告白）信仰告白であるならば、まず第一のいましめに対する背反の罪が告白されなければならない。しかし『教団戦責告白』には、唯一の神のみを神としなかった罪、……については一言も言い表わされていない。時代や状況に立ち向かうことは強く意識されているが、神に対してコンフロントする（立ち向かう）ことが、文章表現そのものの中に欠けている」（同書四五二頁）と批判しているところに、今日の問題が示されているように思う。

福田師は「教団信仰告白」の問題にもふれて同論文をこう結んでいる。

「イエスが主である」ということが教団信仰告白の要約であるということは間違ってはいないが、十分とはいえない。キリストはたしかに上に超越したもうた。しかし同時に下にも超越したもうた。神自身がじつに人間の究極の悲惨と暗黒をも経験したもうた。この人間のために僕となりたもうたキリストが、同時に主なのである。私はこのことが信仰告白の中心であると思う。（同書一五一頁）

「教団戦責告白」を継承しつつ、新しい「教団罪責告白」を経て、現在、神の前に立ち、今日の時代にふさわしい「第二信仰告白」への道を進むところに、明日の教団への道が開かれることが、ここに示唆されているように思う。

（「アレテイア」八〇号、二〇一三年四月一日）

惜別　秋山憲兄さん

真のキリスト教ジャーナリストであろうとする志

秋山さん、ありがとう

秋山憲兄さん（一九一七―二〇一三年）は二〇一三年一二月二五日のクリスマス、体調を崩して一一月二二日に再び入院されていた厚生年金病院の病室で、眠るように主の許に召され、九六歳の地上の生涯を終えられた。「私の歩んだ道も、たどり着くのは、主イエスとの出会いでしょう。待ちつつ、急ぎつつ。主に出会う、エマオへの、一本の道」（「翁便り」第二五信）という辞世の言葉を書き残して。

葬儀は年明けて二〇一四年一月七日、日基教団信濃町教会で、笠原義久牧師の司式、葬儀の辞をもって執り行われ、池田伯、川田殖両氏の弔辞があり、一〇〇名を超える参列者が堂に満ちた。そこで語られたのは、主キリストに従い、教会の忠実な仕え人として生きた秋山さんに対する「感謝」の言葉であった。

キリスト教出版七〇年の歩み

秋山憲兄さんは一九一七年札幌で生まれ、東京外語大独文科を卒業後、さらに上智大に学び、戦時下の一九四〇年、二三歳の時に長崎書店に入社、新教出版社に統合されて以後、編集長、社長、会長を歴任して、キリスト教出版という細い「一本の道」を七〇年に亘って歩んでこられた。その生涯の歩みは、『一本の道――キリスト教出版七〇年の歩み』（二〇一〇年）、『続・一本の道――待ちつつ、急ぎつつ』（二〇一二年、いずれも新教出版社刊）にまとめられている。

その他にも二〇一一年二月一七日、満九四歳の誕生日の第一号を起点として、「翁便り」という個人的な通信が、その死の直前、二〇一三年一二月の第二五信に至るまで発行され、わたしも毎号その読者のひとりとしての余恵にあずかることができたことは感謝であった。

秋山さんがキリスト教出版の道を志すに至った端緒には、長崎書店の店主であり、また後に新教出版社の初代社長となった長崎次郎との出会いがあり、そしてまた長崎を通しての信濃町教会牧師・高倉徳太郎との運命的な出会いがあった。ちなみに秋山さんは、その若き日（一九三四年四月一日、復活節）、一七歳の時に信濃町教会で、手塚儀一郎牧師から受洗していて、その三日後に高倉牧師は逝去している。同じ四月一日に、高倉牧師の子息・徹が信仰告白している。

教会のよき信徒・長老・教育者として

秋山さんの働きは、出版事業だけにとどまらず、信濃町教会をその働きの場として、高倉牧師から福田正俊牧師に引き継がれた戦中・戦後の時代に、信徒・長老として、また教会学校長として、教会の宣教、教育のわざに仕え、また教会外の働きとしても、日基教団常議員や農村伝道神学校の理事長として、教会政治や神学教育のためにも尽された。わたしが神学生（一九五二―五七年）と副牧師（一九五七年―六一年）であった八年間、身近に接した信濃町教会での秋山さんは、多くの教会員、ＣＳの教師、生徒たちにとってのよき牧会者・教育者でもあったことが、感謝の思いと共に今も心に深く残っている。

そのような秋山さんであればこそ、昨今の日基教団のあり方、特に教会会議の運営の仕方に対する憂慮の思いが、「翁便り」第一三信（二〇一一年九月二〇日）の中に、温厚な秋山さんにしては珍しく率直に吐露されている。

私はこれ（教団総会で一部の議員に配布された小冊子）を見て、開いた口がふさがらないどころか怒号を発した。なんたる体たらくか。かつて教団年金局、会堂共済組合理事長として仕えた教団が、今は基督狂団、いや教会の頭（かしら）なるキリストの主権を見失ったのだから、ただの狂団に過ぎない。

秋山さんの長年に亘る活動を支えていたのは、橋本鑑に学んだ「インマヌエル、アーメン」の信仰である。この「インマヌエル、神、われらと共に」という信仰は、秋山さんがよく言われていたように、これこそ旧新約聖書を貫いている聖書的な信仰告白の核心である。

キリスト教ジャーナリズムの使命

秋山さんの九六年に亘るキリスト信徒としての生涯を貫いているのは、真のキリスト教ジャーナリストであろうとする志である。その若き日に書かれた「キリスト教ジャーナリズムの使命」という文章に、言論出版人としての秋山さんの初心が示されているように思われるので、左に引用する。

キリスト教ジャーナリズムは、教団の御用新聞的なものであってはならない。否、むしろキリスト教ジャーナリズムは神のことばにのみ服従することによって、かえって常に自由でありつつ、制度化された教団当局の発言、行動を見守るべきであろう。（『婦人新報』八〇〇号、一九六七年六月号）

ここには、今日のキリスト教ジャーナリズムに対する警告と激励の言葉がある。

彼は死んだが、信仰によって今もなお語っている。（ヘブル人への手紙　一一・四）

（キリスト教新聞、二〇一四年四月五日号）

惜別　森岡巖さん

われらが同志森岡巖氏は、今年（二〇一二年）三月六日、八七歳の地上の生涯（一九二四―二〇一二年）を終えて、主の御許に召された。葬儀は三月九日午後一時から信濃町教会で、稲垣千世牧師の司式で行なわれ、笠原義久牧師による葬儀の辞があり、教会を代表して大脇順和氏、友人代表として雨宮栄一師による弔辞が述べられた。その後の献花によって告別の時を持ち、参列者は堂に満ちた。

森岡さん（ペンネーム森平太）は高知県出身で、一九四九年に東大法学部政治学科を卒業して新教出版社に入社、戦後のキリスト教出版の世界で長く活躍され、『福音と世界』編集長、また秋山憲兄氏の後を継いで一九七八年から二〇〇二年まで、同社取締役社長を務め、二〇〇六年に同社を退社になっている。

森岡さんとの出会いは、戦後の一九五三年にまでさかのぼる。この年に広島大学（文理大物理学科）を卒業し東京の神学校（東神大三年）に編入学したわたしは、学友のすすめで信濃町教会に出席するようになり、そこで教会の長老をしておられた森岡さんと知り合い、教会学校中等科の教師を共に務めるようになって以来のことである。それから今日まで六〇年にわたる主にある交わりの恵みに感謝し、惜別の思いは深い。

森岡さんは井上良雄、秋山憲兄両氏と共に信濃町教会を代表する長老のひとりとして、教会のためによく奉仕された。森岡さんの執筆された『信濃町教会七十五年史』（一九九九年）は、牧師中心でない「教会史」記述の一典型として、教会の歴史に残る著作であることは疑いない。また森岡さんは、一九五〇年代に創設された「キリスト者平和の会」に参加して、「教会の戦争責任」の問題の究明にも力をつくされた。

井上良雄氏を代表として、日本キリスト教団の問題を神学的・教会的に担っていこうとする教職・信徒有志の集いとして一九七七年秋に発足した「時の徴」グループに、森岡さんは信徒同人の人として参加して、季刊『時の徴』に多くの鋭い分析と発言を残されたことも忘れ難い。

しかし何と言っても森岡さんのキリスト教ジャーナリストとしての力量と時代に対する洞察が十分に発揮されたのは、『福音と世界』編集長としての働きであり、またバルトと共にドイツ教会斗争を担ったドイツ・ルター派教会の牧師・神学者であるディートリッヒ・ボンヘッファーの研究と紹介であろう。

『福音と世界』一九六二年一月号から六三年九月号まで通算一六回にわたって連載され、六四年に一書となって刊行された『服従と抵抗の道』は、Ｅ・ベートゲの浩瀚な『ボンヘッファー伝』（一九六七年）に先立つ出版として注目されるべき著作である。

また同じく一九六二年から六八年にかけて、『現代キリスト教倫理』（一九六二年）から『告白教会と世界教会』（一九六八年）までを含む『ボンヘッファー選集』全九巻の編集出版も、森岡さんの貢献によってできた企画であり、日本における六〇年代の「教会革新」の流れに力を与えるものとなった。その働きは二〇〇〇年代に入ってからの『ボンヘッファー説教全集全三巻』（二〇〇四年）、『ボンヘッファー聖書研究　旧約篇・新約篇』（二〇〇六年）の刊行にまで及んでいる。

二〇一一年二月に上梓された『ただ進み進みて　キリスト服従への道』（新教出版社刊）は、高倉論、戦責論、教団論、ボンヘッファー論などを含む森岡さんの全著作から選別して集成された一巻の論文集であり、ここに森岡さんが八七年の生涯をかけてキリスト信徒として取り組んで来た問題の集大成を見る思いがする（本書の書評を『時の徴』一二八号、二〇一一年七月、に寄稿したので参照）。

本書の出版を記念して、二〇一一年二月二八日に、森岡さんも出席メンバーのひとりである所沢みくに教会（最上光宏牧師）での神学書読書会で、本書出版の意図と内容について、著者ご自身が「牧師の責任と信徒の責任を考える」というテーマで話されたことを、今感銘深く思い起こしている。

本書はいくつかのテーマに分かれているが、私の見るところではその中心部分は、「恵みと服従」とのかかわりをとり上げた「高倉徳太郎とボンヘッファーとの同時代史的考察」にある。そこで英国留学をエポックとして高倉が到達した「恩寵」の神学（説教集『恩寵と召命』一九二七年）と、ボンヘッファーが一九二〇年代以後、ベートゲのいわゆる「神学者」から「キリスト者」への転換の中で発見した「高価な恵み」の神学（『服従』一九三七年）との共通性が注目される。

「高倉にとって、この恩寵の召命は、まさにキリストへの服従の招きに他ならない。恩寵としての十字架の贖罪論にあずかるところから、自分の十字架を負うてキリストに従う生活が生まれる」（九〇頁）。

ここで森岡さんが、高倉の「恩寵の神学」を指し示した展望の中に、ボンヘッファーの「高価な恵みと服従」に共鳴する同時代史的な呼応関係を見出しているのは卓見である。

しかし高倉後の日本の教会は、高倉によって切り開かれた「恩寵の神学」を、キリストへの服従の徹底の方向ではなく、個人的、主観的、神秘主義的な贖罪の神学の狭い枠内においてのみ恵みを受けとめ、「自分の十字架」を負ってキリストに従う教会（マルコ八・三四）とはなり得なかった、と森岡さんはこの同時代的論考を結んでいる（一〇二頁）。「贖罪の十字架」は強調されるが、「服従の十字架」は見落とされ、信仰と行為の二元論に陥っていることはないかが反省される。

日本の教会には「牧師中心主義」的な考え方が強いことを、森岡さんが本書の中で、教会の信徒の立場から反省的に述べておられるのに共感する。牧師をキリスト教、教会の専門家と考えて、「教会のことは万事、牧師さんにお任せする。そして教会のことには無関心・無責任の放りっぱなしになる。そういうことはありませんか」（一七九頁）。ここに今日の教会に対する森岡さんの痛切な問いかけを聞くのは、果たしてわたしだけであろうか。

「彼は死んだが、信仰によって今もなお語っている」（ヘブル一一・四）。

（『ボンヘッファー研究』第二八号、二〇一二年三月）

惜別　木村知己牧師

木村知己牧師（一九二六―二〇一二年）は、今年一一月二六日、八六年の地上の生涯を終えて、天に召されました。

木村牧師との主にある交わりは、私が一九五七年に神学校を卒業して、教団牧師となった時からですから、優に五〇年を超えています。二〇一〇年一〇月から、師は東京から前橋に居を移され、思いがけなくも往年の交わりが群馬の地で再会しました。

木村師との最初の出会いは、私が東京の教会に在任中に、教団のCS教師のための月刊誌「教師の友」の編集委員をご一緒にした時であったと記憶します。東方信吉師が委員長で、小野一郎師（現在教団隠退教師、在大分）との交わりもその時以来です。

私が牧師となった一九五〇年代末から六〇年代にかけては、戦時中の教会のあり方に対する反省から「教会の革新」路線が推進され、カトリック教会では「第二ヴァチカン公会議」（一九六二―六五年）が問われ、福音の「原点」への回帰と教会の「刷新」（アジョルナメント）が打ち出されました。そのような時代の流れの中で、「第二次大戦下における日本基督教団の責任についての告白」（教団戦責告白）が、一九六七年三月二六日（復活主日）に鈴木正久議長名で公表され、この企てに木村師が当時の教団書記として尽力されたことが思い起こされます。

関東教区ではこの一〇年来、教団戦責告白を受け継ぎ、さらに教団成立以来の教団の歩みを検証して、新しい教団罪責告白作成の作業を続けて来ました。その中で告白草案作成小委員会（原田史郎、秋山徹の両師と私）で木村師をお招きして、高崎教会で教団戦責告白作成時の問題についてお聞きし、いろいろ参考になるご意見を伺い、教団の前進のために、関東教区の試みが生かされ、用いられるようにという期待と激動のお言葉をいただいた時のことを思い起こしています。

木村師は、広瀬川畔に建つ「グランヴィル前橋」に住まわれ、九階食堂の窓から見える赤城山の雄姿を眺めて、水と緑と詩の街、群馬・前橋の地を深く愛されました。時々お訪ねすると、話し好きの木村師との会話はいつも楽しくはずんで、時の過ぎるのを忘れることがしばしばでした。

教会にとって神学の学びの必要性を説かれた木村師の強いすすめもあって、昨年

（二〇一一年）九月から隔月で、前橋教会を会場にお借りして「ボンヘッファーをきっかけに学ぶ会」が発足しました。教団だけでなく、聖公会、バプテスト、福音派教会からも参加者があり、教職と信徒のエキュメニカルな集いとして続けられ、前回からは『告白教会と世界教会』をテキストにして、ボンヘッファーのテキストを手がかりにして、「キリスト・教会・世界」の問題をとり上げて学ぶ一〇数名の集いとなっています。

赤城山麓赤芝の地にあるキャンプワンダーで、毎月第二日曜日の午後から開かれる「赤城山礼拝」の集いにも、木村師は毎回望んで参加し、九月には、「真理はあなたがたに自由を得させるであろう」（ヨハネ八・三二）をテキストにお話しされる予定でしたが、その前日からの木村師の再入院によってそれは、「幻の説教」に終わりました。

木村師の残されたいくつもの課題を大切な遺産として継承していく責任を感じています。左の聖句が心にひびいて来ます。

彼は死んだが　信仰によって今もなお語っている。（ヘブル人への手紙一一・四）

（二〇一二年一一月二九日　前橋教会における故木村知己葬送の式における追悼の言葉）

（『上毛通信』第六八号、二〇一三年三月号）

惜別　通木一成牧師

この宝を土の器に

Ⅱコリント四・七―一八
ヘブル一一・四

通木一成牧師は、その七八年（一九三五―二〇一三年）の地上の生涯を終えて、五月三一日、主の御許に召されました。

私と通木師との主にあるお交わりは、四〇年以上前の仙台時代にまでさかのぼります。同師が仙台ルーテル鶴ヶ谷教会牧師であり、私が東北学院大学キリスト教学科の実践神学担当の教師であったころから、「実践神学研究会」をつくって今日の教会の「実践的諸問題」を共に考え、学ぶ集いに、通木牧師も積極的に参加して下さり、月例会での学び、「ニュース」の発行まで、さまざまの企画・実践を共にしました。共通の願いは、教会はただ教会のためだけにあるのではなく、「世のためにある教会」の形成を目ざす

ことでした。

鶴ヶ谷教会の働きの一つとして、保育活動の場として「希望園」を始められた通木師は、横浜市旭区今川町の現在地に「ちとせ保育園」を創設し、その後「鶴が峯保育園」をも加えて三〇数年になりました。

最初の理事長、岸千年（ちとせ）ルーテル神大学長のお名前に由来する「ちとせ会」に、私も理事の一人として、最初からその働きに参加協力して今日に至っています。その働きは二代目理事長・園長として、ご子息の通木光男師によって受け継がれ続けられて行くことになったことを喜び、今後の歩みに期待したいと思います。

わたしたちはいつもイエスの死（ネクローシス）をこの身に負うている。それはまた、イエスのいのちがこの身に現れるためである。（Ⅱコリント四・一〇）

生と死は、全く無関係な別のことのように考えることはできません。人間は死を担って生きる「土の器」であることを、あらためて思わされます。しかしこの「土の器」である人間には、「神からの宝」が与えられているところに大きな意味があり、その力は神から来るものです。（Ⅱコリント四・七）。

通木師の「希望園」から「ちとせ保育園」に至るキリスト教保育の働きを通じて、神からの力があらわされました。その働きを受け継ぎ広げて行く責任が、残された者たちに委ねられていると思います。

彼は死んだが、信仰によって今もなお語っている。（ヘブル一一・四）

ここで「彼」とは、創世記四章に出てくるアベルを指していますが、「彼」を「通木師」と読み換えるならば、彼は地上の生涯を終えて、天にあるふるさとに帰られたが（帰天）、しかしこれで通木師と私たちの交わりは終わったのではなく、その信仰において、彼との交わりはなお続き、通木師は今もなお、私たちに向って語りかけている、というように受けとめられるのです。

（二〇一三年六月四日、通木一成告別前夜式における説教、横浜南まきが原奉斉殿）

（『上毛通信』第七〇号、二〇一三年九月一日）

猪上輝雄さんを送ることば

さようなら、ありがとう

猪上輝雄さんは去る九月一六日、肝臓の病のために逝去されました。享年八七才。惜別の思い深いものがあります。

猪上さんは、市民の立場で考え、行動された方で、特に戦後五〇年を迎えた一九九五年の機会にその歩みを顧み、更に戦前五〇年の日本の歴史にさかのぼって、その過ちを繰り返さないために、一人の市民としてやれることをしようと志を同じくする人たちに呼びかけて、「戦後五〇年を問う群馬市民行動委員会」（略称アクション五〇）を一九九五年三月結成されたことが思い起こされます。

そこで、侵略戦争写真展、県内の中国人・朝鮮人強制連行、強制労働の調査活動、平和展などの開催を行い、このアクション五〇の活動を基礎として、一九九八年五月に「朝鮮人・韓国人強制連行犠牲者追悼碑を建てる会」が結成されました。一九九六年三月で三〇年勤めた仙台の東北学院大学を定年退職し、群馬・前橋に居を移した私も、一九九八年からこの運動に参加して来ました。これからも「追悼碑を守る会」の共同代表の一人として、志半ばで世を去った猪上さんの遺志を受け継いでいこうとの決意を新たにしています。

市民活動家としての猪上さんが、「市民の立場で歴史を見て考え行動された「下からの視点」（ボンヘッファー）に学び、「安全保障」ではなく「平和と人権」を基礎とした世界の実現を目指して努め励みたく思います。

（二〇一六年一二月三日、前橋市総合福祉会館での「猪上さんを送る会」で）

（『上毛通信』第八九号、二〇一七年三月三一日）

Ⅳ　聖書に聴く

教会の生命と使命――この世を旅する神の民

ペテロ第一の手紙二章九―一二節

私は昭和一桁生まれで、戦後の一九四八年に、群馬藤岡にある緑野教会で、木村平蔵牧師より受洗してキリスト信徒となり、五七年に日本基督教団の牧師として歩み始めて今年で五〇年を越えました。一昨年の二〇〇九年六月二四日には、富士見町教会での教団創立記念日礼拝で、「現職教師勤続五〇年表彰」を受けました。私に与えられた務めは、教会を立て、教会の使命に仕えることにあります。昨年クリスマスにキリスト新聞社から上梓した新著『明日への教会――聖霊と信徒の世紀を開く』の帯封に書いた「教会はどこに立ち、誰のためにあるのか」という問いに即して、教会の「生命」と「使命」について、聖書の御言葉から学びたいと思います。

「あなたがたは、以前は神の民でなかったが、今は神の民となっている」（Ｉペテロ二・一〇）。ここで「あなたがた」とは、この手紙の宛先であるポント、ガラテヤなど小アジア地方に離散し、寄留している異邦人キリスト者たち（Ｉペテロ一・一）のことですが、この言葉は、かつて戦時下に、天皇の忠実な民となるよう教育を受け、戦後に「皇国民から主の民へ」と導かれた私の歩みと重ね合わせて読むことができるのです。

「神州は不滅」であり、「必勝の信念」をもって「撃ちてし止まん」と教えられた小国民にとって、「負ける」という言葉は禁句であり、そのことを少しでも疑ったり批判する人は「非国民」と非難されたのです。

しかし四五年八月一五日、日本は敗戦の日を迎え、そのことを国民に告げる天皇の「玉音放送」を、虚脱感と開放感の入り混じった複雑な思いで聞いた時のことが思い起こされます。「大日本帝国」は五六年で崩壊したのです。新しい道を求めて教会に行くようになり、そのころ読んだペテロ第一の手紙の次のことばが、私の心にひびいて来ました。

「〈人はみな草のごとく、その栄華はみな草の花に似ている。草は枯れ、花は散る、しかし、主の言葉は、とこしえに残る。〉これが、あなたがたに宣べ伝えられた御言葉である」（一・二四―二五）。

ここから今日のテーマに入ります。教会の生命は、変わることのない神の御言葉であるキリストとそのことを証している聖書にあります。どこでそれを聞くのか。ひとりで聖書を読むこともできますが、公的には、日曜日（主の日）の教会の公同礼拝においてであり、教会は、主の日の礼拝を中心にして、キリストのいのちにあずかるために「招かれ集められた共同体」（エクレシア）であり、そこから教会はこのいのちの言葉を世に伝えるために「派遣される共同体」（ディアスポラ）となるのです。この招き↓集まり↓派遣は、生命のリズムを表わし、この循環が滞り、悪くなると、教会の生命は枯渇します。「あなたがたは、地の塩であり、世の光である」（マタイ五・一三―一六）とは、世にある教会のあり方を示すイエスの言葉です。

あなたがたは、この世の旅人であり寄留者である。（Ⅰペテロ二・一一）

この言葉は、教会の生命と使命に関する初代教会の自己理解を示す重要な一節です。教会は、国籍を天に持つ者（ピリピ三・二〇）として、「天にあるふるさとを目ざして」（ヘブル一一・一六）「地上を旅する神の一つの民」（カール・バルト）なのです。

人間――旅する人（ホモ・ヴィアトール）。人生は旅とはよく言われることですが、そこには深い意味があるように思います（三木清『人生論ノート』一九四一年、参照）。

この旅のポイントをいくつか記します。
一、持ち物はなるべく少なく。「人のいのちは、持ち物にはよらない」（ルカ一二・一五）。
二、旅は道連れ。「主はわたしの牧者。あなたがわたしと共におられる」（詩二三篇）。インマヌエル（マタイ二八・二〇）。
三、途上人として。旅の途上にある民（ボンヘッファーのバルセロナ説教「教会」、佐々木悟史牧師の追想集「途上人」参照）。
四、旅の始まり。辺境から、少数者として。

（二〇一一年一月二三日、バプテスト太田教会礼拝説教）

新しいいのちの夜明け

ルカ福音書二四章一―一二節

今年（二〇一一年）は三月九日「灰の水曜日」からレント（受難節）に入って三日目の三月一一日（金）午後二時四六分、東日本は大震災に襲われ、ちょうど旅行社で翌々日からの仙台行の切符を購入しようとしていた私は、あわてて外に飛び出し、家に帰ってテレビ・ニュースで、地震後に東北・関東沿岸に押し寄せた大津波、そのことがもたらした福島第一原発事故のすさまじい光景を見て大きな衝撃を受けました。

このニュースは、国内だけでなく、いち早く国外にも報じられ、韓国やイギリスの友人から、お見舞いの電話やお便りがあり、「ケルン・ボン日本語教会月報」三七五号（三月二七日発行）によると、ドイツの方々も非常に高い関心と同情をもって励まして下さり、三月一九日（土）デュッセルドルフのヨハネスキルヘに五〇〇名近くが出席し、日本の大震災のために祈るエキュメニカルな礼拝があり、小栗献師の「とりなしの祈り」が献げられたとのことです。

日本の教会は、この大震災をどう受けとめ、今後どのように生きて行くかが問われ、また注目されています。そのような思いを持ちつつ、復活節（四月二四日）を迎える教会のあり方を聖書（ルカ二四・一―一二）から学びたいと思います。

四つの福音書の最後の一章はどれも、その細部においては異同があっても、キリストの復活の出来事の記述をもって結ばれています。（マルコは一六章八節までで、九節以下は後の加筆、ヨハネは二〇―二一章の二章に亘るが、二一章は後代の加筆）。

そこでの共通の内容は、「（男）弟子たちは皆イエスを見捨てて逃げ去った」（マルコ一四・五〇）にもかかわらず、何人かの女（弟子）たちは逃げないで、イエスの十字架の死と埋葬の日である金曜日（受苦日）から三日目の日曜日の朝早く、イエスが葬られた墓に行って、そこでキリスト復活の告知を受けたというのです。

「週の初めの日（日曜日）、夜明け前に、女たちは用意しておいた香料を携えて、墓に行った」（ルカ二四・一）。四福音書が一致して証言しているのは、イースター（キリストの復活）は、日曜日の早朝――夜明け前のことだったということです。このことからキリスト教会では、ユダヤ教の土曜安息日に代って、日曜日が「主の（復活の）日」とされ、主の復活を祝う「祝日」――礼拝日とされるようになったのです。

クリスマスを導いたのは夜空の星であったのに比べて、イースターは早朝――夜明け前の出来事であった。この対比の意味は深い。光は東方（オリエント）から来るのです。

ボンヘッファーの『共に生きる生活』の中の印象深い一節が思い起こされます――

旧約の一日は夕べに始まり、翌日の日没で終わる。それは待望の時である。新約の教会の一日は、早朝の日の出に始まり、翌日の黎明に終わる。それは成就の時、主の復活の時である。イースターの朝早く、キリストは勝利者として、墓から起き出された。……夜に対する恐れと畏敬をもはや知らないわたしたちは、今日、私たちの父祖たちや古代のキリスト者たちが、朝ごとに光がふたたび帰って来ることに対して感じた大きな喜びについて、なお何を知っているであろうか。（四〇―四一頁）

彼女たちがイエスの墓に赴いてそこで見たのは、「空虚な墓」と、キリストの復活を告げる「輝いた衣を着たふたりの者」の言葉です。「あなたがたは、なぜ生きた方を死人の中にたずねているのか。その方はここにはおられない。よみがえられたのだ」（ルカ二四・五―六）。イースターは新しいいのちの夜明けです。

（二〇一一年四月一〇日、赤城山礼拝説教）

世のためにある教会――地の塩・世の光として

マタイによる福音書五章一三―一六節、エペソ人への手紙五章八―一四節

マタイ福音書五―七章には、有名なイエスの「山上の説教」が収められています。その書き出しの言葉に注目しましょう。

> イエスはこの群衆を見て、山に登り、座につかれると、弟子たちがみもとに近寄ってきた。そこで、イエスは口を開き、彼らに教えて言われた。（マタイ五・一―二）

「彼らに」とは、イエスの弟子たちをさしています。しかし弟子たちだけでしょうか。このイエスの教えを、多くの群衆（この世の人たち）も共に聞いていた。

> イエスがこれらの言を語り終えられると、群衆はその教えにひどく驚いた。（七・二八）

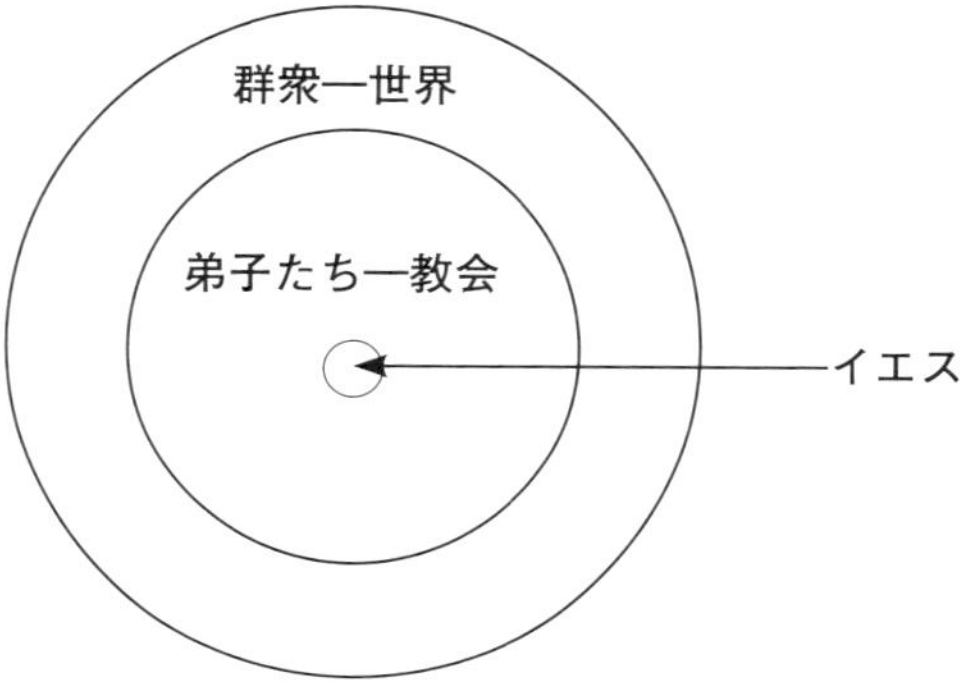

イエスは、この教えを公開のものとして、弟子たち（教会）と群衆（世界）の両方に向けて語られたのです（上図参照）。

ここで四つの言葉が、たとえとして用いられています。「地の塩」（一三節）、「世の光」（一四節）、「山の上にある町」（同）、「燭台の上においたあかり」（一五節）。これらを通じてまず注意すべきことは、塩、光、町、あかりがどこにあるか、何に向けられているかという、場所・方向・目的とのかかわりで語られているということです。そのあるべき場所を間違えると、なすべき責任と使命を果すことができないのだ、ということが含意されているのです。弟子たち（教会）はどこにいるのか、がそこで問われているのです。

そこでまず、「あなたがたは地の塩である」から取り上げてみましょう。ここでまず、「地の塩である」という直接法による語りに注目しましょう。「―であれ」「―になりなさい」という命令法ではなく、また「―となるならば」という条件文でもなく、「―であるように」という願望でもない。端的に、直接的に、断定的に、「あなたがたは地の塩である」と直接法で語られています。塩としての存在がまず先にあって初めて塩としての働きができるのです。この順序を正しく認識することが大切です。「あなたがたは、以前はやみであったが、今は主にあって光となっている（直接法）。光の子らしく歩きなさい（命令法）」（エペソ二・八）。

「地の塩」の「地」とは、「世界」を表わしています。「大地の塩」（岩波訳）。塩は少量であっても、必要不可欠な存在として、地に浸透し、①味付け、②防腐、③清め、④養い育てる、などの働きをするのです。

「地の塩」の「の」は、「所属」を表わす言葉ではなく、それがおかれている「場所」と「目的」を意味する言葉として受けとめられるべきでしょう。教会は、世にありつつ、世のものではなく、「神の教会」（Ｉコリント一・二）であり、「キリストの教会」です。「あなたがたは、この世と妥協してはならない」（ロマ一二・二）とある通りです。

しかし同時に教会は、塩が「地の塩」として地のためにあるように、この世にある教会であり、世のために存在する教会です。教会は、キリストの名によって世から選ばれ、召し集められる教会（キリストへの回心）であると同時に、キリストによって世に派遣される教会、（世への回心）となるのです。
教会が「味を失った塩」（一三節）、「枡の下に隠されたあかり」（一五節）となった時、そこでは教会はその使命を果すことができないのです。

（二〇一一年五月二九日　宇都宮・四条町教会礼拝説教）

恵みと服従

マルコによる福音書八章三四―三五節、エペソ人への手紙五章八―一〇節

われらの同志森岡巌氏が、今年初めに新教出版社から、長年にわたるボンヘッファー研究の集大成として『ただ進み進みて――キリスト服従への道』を刊行されたことは、まことに同慶の至りです。私の見るところでは本書の中心部分は、「恵みと服従」とのかかわりをテーマとしてとり上げた「高倉徳太郎とボンヘッファーとの同時代史的考察」（I―三）にあります。

高倉（一八八五―一九三四年）とボンヘッファー（一九〇六―一九四五年）とは、ほぼ同時代に生きた人で、その最後の二〇年は、一九二〇―三〇年に重なっています。そこで英国留学をエポックとして高倉が到達した「恩寵」の神学（説教集『恩寵と召命』一九二七年）と、ボンヘッファーが一九二〇年代以来、ベートゲのいわゆる「神学者」から「キリスト者」への転換の中で発見した「高価な恵み」の神学（『服従』一九三七年）との共通性が注目されます。バルト（一八八六―一九六八年）と高倉とは、同年輩で、「バ

ルトーボンヘッファーの線」とも重なる面があります。

「高倉にとって、この恩寵の召命は、まさにキリストへの服従の招きにほかならない。恩寵としての十字架の贖罪論にあずかるところから、自分の十字架を負うてキリストに従う生活が生まれる」（森岡著、九〇頁）。

ここで森岡さんが高倉の「恩寵の神学」が指し示した展望の中に、ボンヘッファーの「高価な恵みと服従」に共鳴する同時代史的な呼応関係を見出しているのは卓見です。ここでボンヘッファー『服従』の中の次の有名な二つの命題が呼応しています。

高価な恵み、それは服従へと招くが故に高価であり、イエス・キリストに対する服従へと招くが故に恵みである。

ただ信じる者だけが服従するのであり、ただ服従する者だけが信じるのである。

しかし高倉後の日本の教会は、高倉によって切り開かれた「恩寵の神学」を、キリストへの服従の徹底の方向にではなく、個人的、主観的、宗教的、神秘主義的な贖罪の神学の狭い枠内においてのみ恵みを受けとめ、「自分の十字架」を負うてキリストに従う教会（マルコ八・三四）とはなり得なかったと森岡さんは、この同時代史的考察を結んでいます（同一〇二頁）。「贖罪の十字架」は強調されるが、「服従の十字架」は見落とされ、信仰と行為の二元論に陥ってしまっていることはないでしょうか。

「あなたがたは、以前はやみであったが、今は主にあって光となっている（「恵み」の直接法）。光の子らしく歩きなさい（「服従」の命令法）」（エペソ五・八）。この「恵み」と「服従」との順序と関係に注目することが肝要です。「恵み」は高価であるが故に、それは「服従」への招きであり、信仰と服従とを切り離し、二分化して考えることはできないのです。服従を欠く恵みは、主観的、観念的なお題目となり、恵みを欠く服従は、喜びのない形式的な律法にとどまるでしょう。

　このことは、神学的なバルトと政治的なバルトを切り離して、ただ神学的なバルトだけを受け入れた、戦中・戦後の日本の教会のバルト受容の問題とも関係しています。そこでは教会は「世のための教会」ではなく、「教会のための教会」、「聖なるエゴイズム」（バルト）の教会となってしまうでしょう。

　日本の教会には「牧師中心主義」的な考え方が強いことを、森岡さんが本書の中で教会の信徒の立場から、反省的に述べておられるのに共感します。高倉が強調した「恩寵と召命」も、決して「牧師」になるための召命とは限らず、「信徒の召命」も含めて考えられるべき日本の教会の課題です。

（二〇一一年八月一六日、東山荘・日本ボンヘッファー全国研修会での閉会礼拝から）

「わたしはいつもあなたがたと共にいる」

マタイ福音書二八章一六―二〇節、ローマ人への手紙六章一―四節

復活の朝

クリスマスは、星の輝く夜のできごとでしたが（『上毛通信』六八号「クリスマスの星」参照）、イースターは早朝のできごとです。

ボンヘッファー『共に生きる生活』第Ⅱ章の冒頭の次の言葉は印象的です――

イースターの朝早く、キリストは勝利者として、墓から起き出られた。朝早い時間は、復活のキリストの教会のものである。夜明けと共に教会は、死と悪魔と罪とが克服され、新しい生命と救いとが人間に贈られたあの朝のことを思い起こす。（森野訳、四〇―四一頁）。

キリスト教会の伝統である主日礼拝も、イースターから始まっています。それまで(今でも)土曜安息日を守って来たユダヤ教から、日曜主日礼拝への決定的な転換がおこった。主の復活を祝うイースター礼拝が、キリスト教会の信仰と歴史の出発点であることを、改めて思い起こしましょう。イースターは、新しいいのちの夜明けの日なのです。

復活の最初の証人は誰か

最初に誰が主の復活のできごとに出会い、その証人となったのでしょうか。

その点で男弟子たちは皆、イエスの十字架の死を前にして、恐ろしくなってイエスを見捨てて逃げてしまったことを、福音書は証言しています(マルコ一四・五〇、マタイ二六・五六)。

ペテロは、なりゆきを見とどけるために大祭司の中庭まで行きながら、女たちに「あなたもあの、ガリラヤ人イエスと一緒だった」ととがめられると、「そんな人は知らない」と三度までも否認して、「にわとりが二度鳴く前に、三度わたしを知らないであろう」というイエスの言葉を思い出して泣きつづけた(マルコ一四・七二、マタイ二六・七五)、という福音書の証言も真に迫っています。

しかし、女弟子たちは逃げなかった。彼女らはイエスの十字架の近くまで同行してその最後を見届け、そして週の初めの日の朝早く、イエスの葬られた墓を訪ねて、そこでイエスの復活の知らせを第一に受け、そのことを男弟子たちに知らせたのです。その女弟子たちの名前は、各福音書によって異なっていますが、四つの福音書のいずれにも共通して出てくるのは、マグダラのマリアです。この意味で彼女こそ、主の復活の第一の証人――使徒と呼ばれるのにふさわしいでしょう（アン・グレアム・ブロック『マグダラのマリア、第一の使徒――権威を求める闘い』吉谷かおる訳、新教出版社、二〇一一年、参照）。

ところが十二使徒は、ペテロを筆頭として、全男弟子たちで占められています。そこに歴史的な問題があり、女性を含めた信徒使徒職の復権が今日の教会の課題ともなって来ているのです。

復活――新しいいのちの始まり

今日のテキストとして、マタイ福音書二八章の末尾に記されている、十一人の弟子（使徒）たちをガリラヤの山（タボル山か？、マタイ一七・一―八）に集めての復活のイエスの言葉を取り上げましょう。

イエスは、「あなたがたは行って、すべての国民を弟子として、父と子と聖霊の名によって、彼らにバプテスマを施し、あなたがたに命じておいたいっさいのことを守るように教えよ」という「世界宣教の命令」を下し、「見よ、わたしは世の終わりまで、いつもあなたがたと共にいる」（二〇節）と約束しました。

これは、福音書の終わりに来る復活したイエスの言葉であると共に、そこから使徒たちによる世界宣教の働きが始められるという意味で、教会の歴史の始まりを告げる言葉でもあります。それは「始まり（プロローグ）としての終り（エピローグ）」（荒井献氏の東大教養学部退官記念講義の題目、一九九一年三月一二日）であるとも言えるでしょう。

人間の伝記は、その人の「死」をもって結ばれますが、イエスの生涯を記した福音書は、その死――終りが同時に、新しい生の始まり（復活）でもあるという、初代教会以来の復活信仰の告白をもって結ばれているのです。

> キリストが父の栄光によって死人の中からよみがえらされたように、私たちもまた、新しいいのちに生きるためである。（ローマ人への手紙六・四）
>
> 生きているのは、もはやわたしではない。キリストが、わたしのうちに生きておられるのである。（ガラテヤ二・二〇）

パウロにとって「復活のイエスとの出会い」（使徒行伝九・一―九）が、「教会の迫害者」

から一転して、「キリストの使徒」としての新しい生の始まりとなったのです。
そのような復活信仰の現代的表現の典型例の一つとして、今日は、「カナダ合同教会信仰告白」（一九六八年、一九八〇年一部改正）を共に告白しましょう。

カナダ合同教会信仰告白

わたしたちは神を信じる。
その神は創造し、今もその創造のわざを続けておられる。
その神は、イエスの中に来られ、言葉は肉体となり、和解させ、新しくする。
その神は御霊によってわたしたちのうちに働き、また他者のうちに働かれる。
わたしたちはこの神に信頼する。

わたしたちは招かれている。
教会となるために、
神が共にいますことを祝うために、
他者を愛し、仕えるために、

正義を求め、悪に抵抗するために、
十字架につけられ、よみがえらされた、
わたしたちの裁きと希望であるイエスを
宣べ伝えるために。

いのちあるときも、死のときも、死のかなたにある生においても、
神は私たちと共にいます。
わたしたちはひとりではない。
神に感謝。

（二〇一三年四月一四日、赤城山礼拝イースター説教）

終りから始まる

マタイ二八章一六―二〇節、一ペテロ一章三―九節

ボンヘッファー最後の日

今日のテキストは、ドイツ告白教会の抵抗の神学者ボンヘッファーが、一九四五年四月八日の復活節後第一主日に、最後の地となったブロッセンブルク強制収容所に近いシェーンベルクの小学校の教室で、囚人の人たちと共にした小礼拝の説教のために読んだ聖書日課の箇所です。「ほむべきかな、わたしたちの主、イエス。キリストの父なる神。神はその豊かなあわれみにより、イエス・キリストを死人の中からよみがえらせ、それにより、わたしたちを新たに生まれさせて生ける望みをいだかせて下さったのである」（Ⅰペテロ一・三）。

礼拝が終って、囚人の人たちの中に旧知の英国の情報将校ペイン・ベストがいるのを認めたボンヘッファーは、ロンドンにいる長年の同志、チチェスターのジョージ・ベル

主教に宛てた特別の挨拶を託したのです。

彼（ベル）にこう伝えて下さい。私にとって、これがいよいよ最後です。しかしこれはまた始まりです。あなたと共に、私は、私たちの全世界的な教会の交わりを貫き、それあるがゆえにあらゆる国家的な利害を超越するあの原理を信じております。そして私たちの勝利は確かです。

この言葉を最後に残して、その翌日の四五年四月九日（月）の早朝、ボンヘッファーはチェコとの国境に近いフロッセンビュルク強制収容所で処刑死をとげ、その三九才の生涯を終えたのです。

終りの中に、始まりが

第一ペテロの手紙の著者は、その初めの部分で、「神がキリストを死人の中からよみがえらせ、それによってキリストを信じる者たちに新しいいのちと希望が与えられた」と記しています（Ⅰペテロ一・三）。ここでの主語は、「わたしたちの主イエス・キリストの父なる神」であり、キリストは神によってよみがえらされた（受身）のです。

十字架の死は、イエスの生涯の終りですが、そのイエスは神によって死人の中からよみがえらされ、そこからあたらしいいのちの歴史が始まった。それがイースターです。私たちもまた、イースターを迎えることによって新しく生れさせられ、生ける希望に生きる者にされたいと切に願う者です。イースターは、教会生活の一年の歩みの中でももっとも大切な、新しい生活への第一歩をふみ出す始まりの時なのです。

ここで、「希望の終末論」という副題をつけた、J・モルトマン『終りの中に、始まりが』（蓮見幸恵訳、新教出版社、二〇〇五年）（Im Ende-der Anfang）を紹介します。モルトマンは、その「序」で本書の主旨を以下のように述べていて刺激的です。

キリスト教的来るべきものの待望は、けっして終りと関わっているのではなく――初めと関わっているからです。すなわち、真の生の始まり、神の国の始まり、そして、すべてのものが不変（永遠）の姿へと変えられる、新しい創造の始まりと関わっているからです。

終りは最後ではなく、始まりです。ですから私たちは、ただ生の終りを見つめなければならないのではなく、生の始まりをスタートさせることができるのです。

生ける神は、私たちの生においても死においても、また私たちが始めることができる時にも、終りにいる時にも、常に、いのちへと召しておられます。神の近さは、どこにおいても、いのちに満ちているのです。

わたしは世の終りまで、いつもあなたがたと共にいる

モルトマンは本書を、私たちの生の三つの始まり、すなわち①誕生②新生③復活に対応して記述して、その第二部でこう記していて示唆的です。

キリスト教信仰は文字通りの意味において復活信仰です。そしてそれは、私たちに立ち上がる力と、連続する歴史のただ中でふたたび何かを始める創造的な時間を私たちに与えます。〈新しい生が始まる〉、これはまことに革命的なことです。

昭和一ケタ世代として誕生した私にとっての「新生」は、戦時下の「皇国史観」によって育てられた、天皇のために戦って死ぬことを最高の栄誉とする生活から、日本の敗戦によって信じる対象を失い「この世で希望もなく、神もない者であった」（エペソ二・一二）三年間の生活の後に、一九四八年に群馬・緑野教会で木村平蔵牧師から受洗して、キリスト信徒として新しく生きる者となった時にあります。

福音書の終りに来る復活のキリストの言葉は、キリストを信じて新しく生きようとする教会に対する祝福と約束の言葉として受けとめられるべきでしょう。

「見よ。わたしは世の終りまで、いつもあなたがたと共にいる。」

（マタイ二八・二〇）

（二〇一四年四月一三日　赤城山イースター礼拝説教）

教会はどこに立つか

マタイ福音書一八章一―五節、同一五―二〇節

ふたり、または三人が

今日は「教会の章」として知られるマタイ福音書一八章をとり上げて学びましょう。福音書には、「教会」という言葉は、マタイ福音書の二ヶ所にしか出て来ません（一六章一八節と一八章一七節）。そこでは、教会の本質、その立つ場所、出発点がどこにあるかが語られています。

「ふたり、または三人が」（マタイ一八・二〇）。ここでは、教会が教会として立つための必要最小限の条件が語られています。ひとりだけでは教会は成立しない。この「ふたり、または三人」は、一六節、二〇節にも繰り返し出て来る、マタイ一八章のキーワードです。「ひとり」だけでは、どんな有力な教師がいても、教会はできないのです。「牧師（教職）のいるところに教会がある」という考えは正しくない。

イエスの神の国の宣教は、一二弟子の選びをもって始められました（マタイ一〇・一―四）。それはただ数が少ないというだけでなく、社会的地位も名声もない、「無きに等しい者の選び」（Ｉコリント一・二八）でした。

「このようなひとりの幼な子を、わたしの名のゆえに受け入れる者は、わたしを受け入れるのである」（マタイ一八・五）。ここでは、ひとりの幼な子とイエスとが同一化されています。ここで「幼な子」とは「小さい者」を意味し、そこでは「あなたがたみんなの中で一ばん小さい者こそ大きいのである」（ルカ九・四八）と言われているのです。

教会を教会たらしめるものは、その数、持物、名声、人間の能力にはよらないのです。パイプオルガンや大聖堂が教会をつくるのではない。メガチャーチが必ずしも真の教会であることを保認するとは限らないのです。

わたし（イエス）の名によって

ひとりひとりは無力であっても、イエス・キリストの名と結びつけられ、キリストの名によって集められたときに、その教会は有力な教会となるのです。

しかしたとえば、「ルーテル教会」という呼び名には問題があります。それは必ずしもルターの本意ではなく、その後継者たちの問題であるとも言えます。この点でたとえば同じ時代の宗教改革者カルヴァンは、自分の建てた教会を「カルヴァン教会」とは呼ばず、後に「改革派教会」と呼ばれるようになりました。この違いは重要です。

パウロは、自分が伝道して立てたコリント教会を「パウロ教会」とは言わないで、ただ「コリントにある神の教会」（Ⅰコリント一・二）と、その手紙の宛名で呼びかけていたのは意味深いことです。「イエス・キリストの名」の持つ力は、生まれながらに足の立たない者の病をいやし、立って歩くことの出来る力として働いたことが思い起こされます（使徒行伝三・六）。

「この人（イエス）による以外に救いはない。わたしを救いうる名は、これを別にしては、天下のだれにも与えられていない」（使徒行伝四・一二）。この人（イエス・キリスト）の名が忘れられ、おろそかにされるところでは、たとえ何百人、何千人集まろうと、それは「キリストの教会」ではないのです。

集まっている所には

ここは正しくは「集められている所には」と訳されるべき所です。教会とは、わたしたちが自由に申し合わせて集まるところではなく、キリストによって招かれ召し集められた者たちが集まるところであり、わたしたちを招き、召して下さる方はイエス・キリストです。「教会」と訳されているギリシャ語「エクレシア」は、「カレオー」（英語のコール、招き集める）という動詞からつくられた名詞で、「招き集められた人々の集い」を意味します。教会は、キリストによって「集められた共同体」（カール・バルト）なのです。

教会は、一定の場所に、一定の時を定めて（たとえば主日の礼拝のために）集まる。そこで教会は目に見える集まりとなるのです。

キリスト教についての知識を得るためだけならば、家にいて本を読んだり放送を聞いたりしていてもできるでしょう。しかしそれでは教会はできないのです。共に集う、集められた共同体となることが大切で、教会となることは、一つのできごとなのです。（カール・バルト）

土地や建物、設備のあるなしは、教会であることの不可欠条件ではないでしょう。ローマ帝国の支配下にあった初代のキリスト者たちは、最初の二、三世紀の間は、信徒の家や町の公会堂、また地下の墓場（カタコンベ）を集まりの場所としました（アングラ教会！）

「教会＝教える集まり」という日本語は、教える人（牧師・教師）中心の集まりを連想させるという意味では、あまり適当な言葉ではないかも知れません。この点では、「バルメン宣言」（一九三四年）第三項に表現されている「教会」の定義は、示唆深いものです。

キリスト教会は、イエス・キリストが、み言葉とサクラメント（聖礼典）において、聖霊によって、主として、今日も働きたもう兄弟（姉妹）たちの共同体である。

教会の中心には、牧師（教師）ではなくて主キリストが立たれ、私たちは主にある兄弟姉妹なのです。

私はこの数年、「キリスト同信会」の集まりに招かれて、新しく学ぶところが多くありました。同会は、一八八九年（明治二二年）、イギリスの宣教師Ｈ・Ｇ・グランドによって始められた主にある集いで、パンさき、主の食卓（テーブル）に共にあずかる礼拝を中心として、牧師と呼ばず、すべての信徒たちを「兄弟」「姉妹」と呼び、『説教』でなく『建徳』をし、ひとりひとりが聖書をよく読み、よく祈る集まりであることに感銘を受け、私たちの教団のあり方を反省させられる良い機会となりました。

わたし（イエス）もその中にいる

これは、教会に対して与えられたキリストの現臨の約束の言葉であり、この言葉は、マタイ福音書の結びで、復活のキリストの言葉として繰り返し語られています――「見よ、わたしは世の終りまで、いつもあなたがたと共にいる」（マタイ二八・二〇）。キリストは、今、いと高き天に、神と共にいますだけでなく、この地上に、キリストの名によって集められた教会の中に、私たちと共にいますのです。そしてこのキリストのいますところに、キリストの教会もまた存在するのです。そのような教会は、建物や教会の敷地の内にだけあるのではないのです。

イエスもまた、ご自分の血で民を清めるために、門の外で苦難を受けられたのである。したがって私たちも、彼のはずかしめを身に負い、営所の外に出て、みもとに行こうではないか。（ヘブル一三・一二―一三）

そのようにしてキリストに従う教会となるときに、教会は、この世に対して開かれて、「門の外」「営所の外に出て」、この世に派遣される教会となるのです。集められた教会から派遣される教会へ。ここには教会の生命の循環が示されているのです。「すべて重荷を負うて苦労している者は、わたしのもとに来なさい。あなたがたを休ませてあげよう」（マタイ一一・二八）。これは教会の聖餐式で読まれる招きの言葉の一つです。歴史的信仰告白が、人となったイエス（ベツレヘム）から十字架のキリスト（ゴルゴタ）へと直行して、その間が抜けているのには問題があります。

この点で讃美歌Ⅱ二八〇番「馬槽のなかに」（由木康作詞）、特にその第二節には、門の外に出て、この世のしいたげられた人々を訪ね、友なき者の友になって心をくだかれたイエスの生き方が告白されていて、意味深い現代的なキリスト告白となっています。そのような現代的信仰告白の一例として「カナダ合同教会信仰告白」（一九六八年制定。一九八〇年一部改訂）（一九五頁）も参考になります。

（二〇一四年一〇月一八日、前橋中部教会主日礼拝説教）

山に向って目を上げる

詩篇一二一篇一―八節、マタイによる福音書一七章一―八節

毎月一回、第二日曜日の午後に、ここ赤城山麓の赤芝の地で開かれて来た「赤城山礼拝」も、この三月で一応の区切りを迎え、四月以後の新しい仕方についてはいろいろ考える段階になりました。私自身が毎月のこの礼拝に参加して多くの恵みにあずかって来たことを感謝をもって思い起こし、今後の新しい展開に期待し、今日はここで今までに学び、考えさせられたことをお話ししたいと思います。

赤城山礼拝への思い

はじめに「赤城山礼拝」という名前について。赤城山（鍋割山）に向って山を登り「山に向かって目を上げる」（詩一二一・一）、そこで礼拝が始められる、ということには深い意味がある。そこでこの名称はぜひ存続していただきたいと願います。

日本人にとって、山と言えば何よりも先ず「富士山」のことが心に浮かぶでしょう。

世界遺産にも登録された富士山は「日本一の山」と言われるにふさわしい山です。

しかし私が小中学校時代を過ごし育った群馬には「上毛三山」（赤城　榛名　妙義）がありますが、その中でも前橋から眺め見る赤城山は特に、その麓野の雄大な眺めによって上州一の山と言われるにふさわしいでしょう。晩年の二年間を前橋で過ごされた木村知己牧師の、赤城山礼拝への思い入れの深さが、今もなつかしく思い起こされます。

山に向かって目を上げる

聖書の中でも、山は特別な意味で取り上げられています。

わたしは山に向かって目を上げる。わが助けは、どこから来るであろうか。わが助けは、天と地を造られた主から来る。（詩篇一二一・一）

この詩篇は、私も含めて多くの人たちの愛好する聖句となっていますが、それは決して山を御神体として拝む日本的な「山岳信仰」を歌ったものではないことに注意して下さい。そこでは「山に向かって目を上げて望み見る時に、わたしにとっての助けが、山を越えて、天と地を造られた主なる神から来る。」という旧約の詩人の信仰が歌われているのです。それが海、川、森でなく、「山に向かって」目を上げる、と歌われているところに深い意味があります。

小山晃祐『富士山とシナイ山――偶像批判の試み』（一九八四年）は、『水牛の神学』（一九九四年）を始め多くの著作を残された世界的な神学者の若き日の傑作ですが、日本的な偶像礼拝への批判が述べられているのは興味深いところです。

山に登り、山を下る――教会の生命と使命

新約聖書の中にも、多くの「山」に関する記事がありますが、まず第一にイエスによる「山上の説教」（マタイ福音書五―七章）が思い浮かべられるでしょう。

　イエスはこの群衆を見て山に登り、座につかれると、弟子たちがみもとに近寄って来た。そこでイエスは口を開き、彼らに教えて言われた。（マタイ五・一―二）

ここでの「山」は、山というよりも小高い「丘」で、今、ガリラヤ湖を望むこの場所に「山上の説教記念会堂」が建っています。

もう一つ、「山上の変貌」（マタイ一七・一―八）の記事を取り上げましょう。ここでイ

エスは「ペテロ、ヤコブ、ヨハネだけを連れて高い山に登られ、彼らの目の前でイエスの姿が変わり、その顔が日のように輝き、その衣は光のように白くなった」というのです。この「高い山」とは、多分ガリラヤからナザレに行く道にあるタボル山のことでしょう。

ここでも山は、弟子たちが神を拝し、神のみ言葉を聞く場所、そこに「教会」があります。教会は「山の上にある町」(マタイ五・一一)、「集められた共同体」です。

しかし登山は終わりではなく、山を下りて、新しくこの世の生活に入っていくことの始まりでもあるのです。「山上の説教」でも「山上の変貌」でも、イエスは山を登り、山を下りられたのです。(マタイ八・一、一七・九)。

山に登る→教会の生命、山を下る→教会の使命。ここに生命の循環があります。

(二〇一五年二月八日　赤城山主日礼拝説教)

戦後七〇年と教団の問題

マルコ福音書八章三四―三八節

今年も『時の徴』同人研修会が予定より少し遅れて開かれ、戦後七〇年の年を迎えて、教団の問題を共に考える機会を与えられたことをうれしく思います。

日本基督教団成立（一九四一年）の問題

日本基督教団は、一九四一年六月二四、二五日の両日、富士見町教会において開かれた創立総会から発足しました。そのことは、教憲の中にも「くすしき摂理のもとに御霊の賜う一致によって……成立した」と記され、二〇〇九年の「日本伝道一五〇年記念宣言」にも「日本基督教団は神が働きたもう歴史の必然により生れた公同教会である」と宣言され、また、「教団成立の沿革」（一九五六年一〇月二六日制定）には「合同の機が熟するに至り……」と文章化されています。

しかし実際には、天皇制国家による宗教統制の強圧に屈服し、むしろこの機会に便乗して、まったく準備のととのわないままに教会合同に踏み切った。そこに働いていた根本動機は、自己保存的な教団擁護の精神であったと言わざるを得ません。

戦後の教団は、成立時とその後の戦時下の歩みの中で犯した教会としての罪責告白の機会を見失ったままに、「キリスト教ブーム」の波に乗って、さまざまの伝道計画を立案し、実施します。しかしそれらの諸計画には、教会の維持と量的発展を求める戦前からの教会の体質が、戦後においても変わることなく持続しているのを見ることが出来ます。

戦後の一九四六年六月九日に開かれた「全国キリスト教大会宣言」では、「自己の使命に対する不信と怠慢との罪を痛感し、神と人との前に深甚なる懺悔を表明する者なり」と表明されていますが、しかしそこでの「罪と懺悔」の内容は不明確であり、その決議の二で、「餓死に瀕しつつある八千万同胞の救援」が宣言されていますが、戦時下の「一億同胞」は、何の反省の表明もないままに「八千万」に変り、そこでアメリカの施政権下に移された沖縄の同胞・教会を欠落させたことに対する責任は不問のままなのです。

教会革新の六〇年代と教団戦責告白

一九六〇年代に入って、新しい「宣教基本方策」が策定され、①教会の体質改善②伝道圏伝道を二本の柱とする「伝道一〇ヶ年計画」（一九六二年――七二年）が実施されます。そこでは、五〇年代までの教会の自己目的的、自己拡大的な教会のあり方が反省され、「神の伝道」（ミッシオ・デイ）、「教会の生命《ライフ》と使命《ミッション》」が強調され、キリストに仕えるゆえに世に仕える「世のための教会」となることが目ざされたのです。

そのような「教会革新」の時の流れの中で、教団は一九六七年三月二六日（復活主日）に、鈴木正久教団議長名で「第二次大戦下における日本基督教団の責任についての告白」（＝教団戦責告白）を公表しました。それは、歴史における教会の罪責告白として、日本のキリスト教の歴史における初めての画期的な出来事であったと言えます。

しかしそこにはなお、その内容における不徹底さがあり、その後に作成された関東教区「教団罪責告白」（「真の合同教会を目ざして」二〇一四年）をぜひご参照ください。

われわれの教会が当時の強権の前にあのようにみじめに屈服したことの根底には、弱小な日本の教会を守るためという意識があったことは否定できない。……〈己が生命を救わんと思う者は、これを失う〉（マルコ八・三五）。……われわれが今、心から願うことは、徹底的に他者のために生き給うた主イエスの後に従う群として、今後の歩みを続けたいということである。（井上良雄）

（二〇一五年八月三日『時の徴』研修会開会礼拝で）

この世の旅人として

創世記一二章一―四節、ヘブル人への手紙一一章一三―一六節

この世の旅人・寄留者として

ヘブル人への手紙第一一章は、「信仰とは何か」ということを主題にして、旧約聖書の人たちの信仰的生き方を記している章です。

これらの人たちはみな、信仰をいだいて死んだ。まだ約束のものは受けていなかったが、はるかにそれを望み見て喜び、そして、地上では旅人であり寄留者であることを自ら言い表した。（ヘブル一一・一三）

本日の説教題もここから採りました。（「よそ者」という新共同訳はどうもしっくりしません）。

この言葉は、旧新約を通して出て来る、聖書の人たちの生き方を示すキーワードで、「自ら言い表した」（ホモロゲオー）は、ただ個人的にそう思った、という程度の軽い言葉ではなく、「信仰として告白する」という意味で、キリスト者の生き方の核心がそこに表明されています。そして聖書が「あなたがたはこの世の旅人である」と言う時、ある一定の期間だけの旅ではなく、私たちの全人生が旅の時代であると言われているのです。

わたしたちの国籍は天にある

私たちの人生の全体が旅であるとすると、その旅はどこで終わるのか。私たちにとっての旅の目的地はどこにあるのか。

そう言い表すことによって、彼らがふるさとを求めていることを示している。もしその出て来た所のことを考えていたなら、帰る機会はあったであろう。しかし実際、彼らが望んでいたのは、もっと良い、天にあるふるさとであった。

（ヘブル一一・一五―一六）

わたしたちの国籍は天にある。

（ピリピ三・二〇）

キリスト者にとっての本国（祖国）は、この地上にはなく、神の国＝天にあるふるさとです。そこにキリスト者は共通の（第一の）国籍をもち、そしてこの地上では、それぞれの（第二の）国籍を持つ。それがキリスト者の基本的な信仰告白です。キリスト者にとっての地上の国籍は、途上にある第二の国籍であることを忘れてはなりません。そのことを佐々木悟史牧師（一九二八―二〇〇五年）は「われらみな〈途上人〉」と表現されました。

教会――旅の途上にある神の民

D・ボンヘッファーが一九二八年、二二歳の時に、スペインのバルセロナにあるドイツ人教会でした〈教会を主題とする〉印象深い説教が残っていますので左に引用します。

今日語りたいのは、鐘楼を持ったあれこれの会堂についてではなく、組織についてでもない。教会はただ地上の宿であり、故郷である限りでは、神の巡礼する民であり、聖とされた交わりです。教会は、はるかに遠くて、明るく輝いているふるさとを目ざしての旅の途上にある民であり、暗き中を歩みつつ、しかし光を見て、そ

の行く道を知っている民であります。（ボンヘッファー『教会の本質』一五六頁以下）

神われらと共にいます

私たちのこの世の旅を意味あるものとするのは、そこで誰と出会い、誰を道連れとするかということです。「旅は道連れ、世はなさけ」。共に旅することを通して、新しい出会いの経験が与えられる。そこに旅の楽しさがあり、発見があります。そのようなキリスト者のこの世の旅を導く方は、「わたしたちと共にいます神」であり、「わたしは世の終りまで、いつもあなたがたと共にいる」（マタイ二八・二〇）という「インマヌエル」の信仰は、旧新約聖書を通して最も基本的なキリスト教の信仰告白です。

主はわたしの牧者であって、たといわたしが死の陰を歩むともわざわいを恐れません。主がわたしと共におられるからです。（詩二三篇一、四）

カナダ合同教会信仰告白（一九六八年）は、「神はわたしたちと共にいます。わたしたちはひとりではない」を基本とする現代的信仰告白の典型例です。

（二〇一五年一〇月二五日　前橋中部教会礼説教）

道としてのキリスト

イザヤ書四二章一―四節、ヨハネによる福音書一四章一―六節

1　わたしは道である

「わたしは道であり、真理であり、命である」（ヨハネ一四・六）。

ここには、「わたしは……である」（エゴー・エイミー）という形式で、ヨハネ福音書に出て来るイエスご自身を表す七つの言葉の一つが記されています。他の六語は、(一)「いのちのパン」（六・三五）、(二)「世の光」（八・一二）、(三)「羊の門」（一〇・七）、(四)「よい羊飼」（一〇・一一）、(五)「復活と命」（一一・二八）、(六)「まことのぶどうの木」（一五・一）となります。

「道」とは、イエスご自身を指すと同時に、キリスト教の本質を示す言葉であり、真理であり命であるイエスの歩まれた道であり、この意味で、「キリスト教はキリスト道である」と言うことができます。

「道」という言葉は、メシア（救主）を指す言葉として、旧約聖書では主として預言書に出て来ます。たとえば第二イザヤ書に記されているキリスト預言としての四つの「主の僕の歌」の第一に、「彼はもろもろの国びとに道を示す。……真実をもって道を示す。彼は衰えず、落胆せず、ついに道を地に確立する」（イザヤ書四二・一―四　口語訳）と書かれています。

このように見て来ると、メシア（救主、キリスト）は、旧新約聖書を通してただ言葉だけでなく、「真理と命の道」としてご自分を示された、と言うことができるのです。

2　この道の者として

日本の教会では、「教会」という言葉がすでにそうですが、「教師」「教育」「宣教」「教憲教規」など、「教」の字のつく言葉が多く用いられていますが、そこにまた問題もあることを感じます。

「教え」が第一にあるのではなく、「求道」「修道」、そして「伝道」という言葉が示しているように、信仰はただ言葉だけではなく、キリストに従うその人の生き方を通して証されるのです。イエスを信じ従う弟子たちのことが、「この道の者」（行伝九・二、二二・四）と言われているのには、深い意味があります。

一五世紀の修道士トーマス・ア・ケンピスの名著『イミタチオ・クリスティ』（キリストのまねび）がよく示しているように、キリストに学ぶことは、キリストにまねぶ（ならう）ことです。二〇世紀ドイツの神学者D・ボンヘッファーの『キリストに従う』（一九三七年）もよく読まれており、その英訳版のタイトル「弟子たることのコスト」とは、意味深い表現です。本書の冒頭に出て来る「高価な恵みと服従」も味わい深い一章です。キリストの恵みを受けた者は、それに対する高価なコスト、すなわちキリストに従う道を歩むことによってその恵みに応えるべきことが、ここで勧められているのです。

3　キリストに従う

ところでキリストはこの地上でどのような道を歩まれたのか。使徒信条を始め教会の古典的信条では、キリストは受肉のキリスト（ベツレヘム）から十字架と贖罪のキリスト（ゴルゴタ）へと直行して、その中間が欠けている故に不十分であるとボンヘッファーは見ており、K・バルト、J・モルトマンも同様の見解を述べています。

この点で、私の愛唱讃美歌である由木康作詞、安部正義作曲「馬槽のなかに」（「讃美歌」一二一、二八〇番）には、特にその二で、社会的人格として生きたキリストが告白されていて感銘を受けます。

食するひまも　うちわすれて
しいたげられし　ひとをたずね
友なきものの　友となりて
こころくだきし　この人を見よ。

「カナダ合同教会信仰告白」（一九六八年）も、キリスト告白とキリスト宣教とが一つに結びついた現代的信仰告白の典型例です。

「わたしは道である」というイエスの言葉は、この道を通って「ひとりのキリスト」（ルター『キリスト者の自由』二七）となって歩むようにとのキリストの呼びかけ、招きの言葉でもあるのです。

（二〇一六年九月四日　軽井沢教会主日礼拝説教）

一つのからだに多くの肢体

詩篇一三三編一―三節、コリント第一の手紙一二章一二―二七節

1　コリント教会とパウロ

コリント教会は、パウロが五〇年代の初めにアテネを去ってコリントへ行き、そこに約一年半滞在し伝道して建てた教会です（使徒行伝一八・一以下）。アテネがギリシャの首都で、政治・宗教・哲学の中心であったのに比べて、コリントは当時のギリシャ第一の商都、ギリシャ人とユダヤ人とが共生する町で、分派争い、不品行、偶像への供え物、復活の信仰など多くの問題をかかえた教会でした。未見の「ローマ人への手紙」とは違って、教会の日常的、具体的な問題をとり上げてパウロの見解を書き送っている手紙で、教会とは何か、教会の土台とは何か、どういう教会をつくって行くべきかについて、多くの示唆を与えられる手紙です。以下三つのポイントに分けて問題を取り上げて学びたいと思います。

2　一つのからだに多くの肢体

教会はキリストの一つのからだであり、その土台は教憲教規や信仰告白ではなく、「教会として実存するキリスト」（ボンヘッファー）です。そこで第一のポイントは、「からだが一つであっても肢体は多くあり、またからだのすべての肢体が多くあっても、からだは一つであるように、キリストの場合も同様である」（Iコリント一二・一二）。

ここで「肢体」（メロス、英訳メンバー）を「部分」と訳している新共同訳は不適切です。「わたしはぶどうの木、あなたがたはその枝である」（ヨハネ一五・五、参照）。教会は、「キリストの生けるからだ」（有機体・オーガニズム）ではあっても、「死せる機械的組織」（オーガニゼイション）ではない。

ここで続いて、一つのからだに多くの違った肢体（手、足、耳、目など）があること、すなわち多様性は神の賜物の豊かさを表しているとパウロは考えて「もしからだ全体が耳だとすれば、どこでかぐのか」（同一二・一七）と指摘しているところにも注目して下さい。ここでパウロの頭には、当時のコリント教会内にあった「わたしはパウロだ」「わたしはアポロに」「わたしはケパに」などと言い争っていた当時のコリント教会内の分派争いのことがあったのかも知れません（同一・一二）。

日本基督教団は三〇余の違った教派、教会が合同して、一九四一年に一つの教団を形成した合同教会です。そこでの「一致」（unity）は、ワンパターンの「画一性」（uniformity）ではなく、したがって教団は、出来上った合同教会（united church）というよりも、真の一致を目指して歩む「開かれた合同教会」（open uniting church）なのです。

3　弱く見える肢体がかえって必要

岩波訳はここを、「からだのうちで他より弱いと思われる肢体の存在することが、かけがえのないことである」（同一二・二二）と訳出していて参考になります。すなわち一つ一つの違った肢体は、その働きによってではなく、すなわち「何をするか」「何ができるか」を問う前に、その「存在」においてかけ替えのないものと見る。すなわちすべての人にその「居場所があること」が肝要なのです。教会の強化、充実が、もし弱い人や働きのない人、役に立たないと思われる人を排除することによって成り立つと考えるとすれば、それは教会の強化ではなく、その画一化であり退落であるといわなければなりません。

弱い者や見ばえのしない者、見たところ役に立たないと思われる人をキリスト者の生活共同体から閉め出すとすれば、それは正しく貧しい兄弟の姿をとって戸を叩きたもうキリストを閉め出すことを意味する。（ボンヘッファー『共に生きる生活』）

相模原市の障害者施設で最近起こった惨事は、胸の痛む出来事でした。その根底にひそむ（障害者）差別意識・優生思想は、私共の中にもひそんでいないか。一億総活躍社会に、という一把一からげにする政策、そうした人間の根っこの中からは〈平和の思想〉は産まれないのでは……と思ってしまいました。（中野光・ユリ）

みんな違って、みんないい。（金子みすず）

4　共に悩み、共に喜ぶ

キリストのからだである教会の真価（本質）は、その建物の大小や、数の多少によって測るべきではありません。「ふたりまたは三人が、わたし（キリスト）の名によって集まって（集められて）いるところには、わたし（キリスト）もそのなかにいるのである」（マタイ福音書一八・二〇）は、教会の本質と場所を示す聖句です。

あなたがわたしに対し、またわたしがあなたに対して、ひとりのキリストとなること（ein christus werden）ができ、またなるべきであるということ――そのようなことはキリスト者の教会生活の中に存在する最も深い、最も厳粛で重要な事柄です。

（ボンヘッファー『教会の本質』）

キリストがわたしのためになりたもうたように、わたしもまたわたしの隣人のためにひとりのキリストとなろう。

（ルター『キリスト者の自由』第二七）

見よ。兄弟が和合して共におるのは、いかに麗しく楽しいことであろう。

（詩一三三・一）

（二〇一六年一〇月二三日、前橋中部教会主日礼拝説教）

あとがき

私は今年三月で、日本基督教団の教師を引退した。一九五七年に東京神学大学修士課程を修了以来、教会担任教師九年（信濃町教会四年、金沢若草教会五年）、一九六六年から仙台にある東北学院大学文学部キリスト教学科で教務教師として三〇年（実践神学担当）、そして一九九六年に群馬・前橋に居を移し、関東教区巡回教師として二一年、教団教師となって計六〇年、この三月で教師を引退した。

その間の二〇〇九年には、日本プロテスタント宣教一五〇年の年ということで、富士見町教会での記念礼拝で、現職教師五〇年表彰（山北宣久議長）を受けたことが記憶に残っている。日本基督教団は、戦時下の一九四一年に発足したので、教団七六年の歴史の五分の四を教師として担ってきたことになる。

日本基督教団の教規によると、教師はその職務によって、（一）教会担任教師、（二）巡回教師、（三）神学教師、（四）教務教師、（五）在外教師の五種に分類され、その中の「巡回教師」は、「教区からの派遣により巡回伝道および問安に従事する者」となっている（「教規」一二八条①）。

他の教師に比べて、その職務の内容も領域も、いささか漠然としているように思われるが、そこにむしろ、特定の教会や学校・施設に限定されない広がりがあることに意義を見出し、教会の働きの新しい分野の「開拓」を志すというところにその使命があると受けとめて務めてきた。

二一年に亘る関東教区巡回牧師の時代に、毎年四回、『上毛通信』というB五判、四頁建の通信を、九六年八月を第一号として、編集発行して、内外の友人・知人に、巡回教師としての働きをお知らせするためにお届けするようにした。

一〇年後の二〇〇六年三月でちょうど四〇号になった機会に、『歴史を生きる教会――この世の旅人・寄留者として』を、美しい装丁のB六判として、高崎にある福音企画印刷から印刷発行していただき、二〇一五年六月にその二刷が発行された。

本年三月で引退教師となった機会に、本通信を八九号をもって終刊とし、一応の区切りとした。そこで前巻の続篇として、二〇〇六年から二〇一七年にかけて「通信」に掲載した記事の中から、また私が引き続いて編集同人としてかかわっている『時の徴』に書いたものの中から主として選んで、『現代に生きる教会――対話・共生・平和』というB六判の単行本として刊行することにした。今回の印刷発行は、私が教団教師として歩み始めた時からの信濃町教会と関係の深い新教出版社（小林望社長）にお願いすることにして、心よくお引き受けいただくことになった。

Ⅰ「論座」では、教会が福音の〈真理〉に立ち、教会の〈一致〉を求めての、今日の時代に対する「キリスト教ジャーナリズムの使命」を問う論稿をまとめて掲載した。教会の会議制、伝道、「開かれた合同教会」の形成、未来責任としての「平和」の課題などの問題が取り上げられている。

Ⅱ「現代的教会論を問う」では、各地での研究会、読書会で取り上げられた今日の教会の問題と課題が取り上げられ、掘り下げられている。この読書会は森野宅で始められ、その後、木村知己牧師のお勧めで、数年前から前橋教会を会場にして続けられ、所沢みくに教会へと広げられた。ボンヘッファーの書物を中心に読む、牧師と信徒を含むエキュメニカルな読書研究会で、「キリスト・教会・世界」という三つのテーマのかかわりで考える「現代的教会論」の必要性について、多くの問題を学び、対話し、考えさせられてきた。

Ⅲ「惜別――先人を送り、その志に学ぶ」では、近年、多くの師友、先人を送る機会に出会って、その残された志に学び、受け継ぐことの大切さについて、あらためていろいろ考えさせられている。

「彼は死んだが、信仰によって今もなお語っている」（ヘブル人への手紙一一・四）。

Ⅳ「聖書に聴く」には、各地の教会でした「主日礼拝説教」を中心に収録した。礼拝の説教は、今日における神の言葉が語られ、聴かれる機会であり、それは決して一方的な儀式文ではない。そこで私たちは、今日に生ける「キリスト」と出会い、キリストとの「対話」が始まり、そこでキリストを基とした教会の「交わり」がつくられていくことになるのである。今日の教会が、キリストと聖書を基とした「対話」と「交わり」の場になっているかが反省させられる。

最近の読書会で勧められて読んだ暉峻淑子『対話する社会へ』（岩波新書、一九一七年一月刊）から多くの示唆を与えられた。その「すすめの言葉」の一節を左に引用する。

個人の成長過程で、地域で、社会で、国家間で……あらゆる局面で、今日いかに

〈対話〉が喪われ、その結果何か起きているか。逆に〈対話〉があれば、どんなことが可能になるのか。新しい視野が開け、何年もたってから大きな解が得られる対話とは、そもそも人間にとって何なのか。……そこに平和を現実のものとし、苦悩に満ちた社会に希望を呼び寄せる一つの道があるのではないか。

北村慈郎牧師戒規免職問題をきっかけとして、今こそ日本基督教団には、キリストにある教会の交わりを形成するために、戒規ではなくて対話こそが必要な時ではないか。

この一〇年間に、エキュメニカル運動一〇〇年と、三・一一大震災をきっかけとして、キリスト新聞社から刊行した二拙著もあわせて参照されたい。
『明日への教会――聖霊と信徒の世紀を開く』（二〇一〇年一一月刊）
『原子力と人間――三・一一後を教会はどう生きるか』（二〇一二年一二月刊）

最後に、「平和」（Friede）と「安全保障」（Sicherheit）との違いについて述べたD・ボンヘッファーの印象深い一節を左に引用する。

安全の道を通って〈平和〉に至る道は存在しない。なぜなら、平和は敢えてなされねばならないことであり、それは一つの偉大な冒険であるからだ。それは決して安全保障の道ではない。平和は安全保障の反対である。安全を求めるということは、〔相手に対する〕不信感を持っているということである。そしてこの不信感が、ふたたび戦争をひきおこすのである。（本書五六～五七頁）

上毛通信には、毎号多くの読者からの応答、お便りをいただき、その中から選んで毎号「読者の窓」に掲載させていただいたが、最終号（八九号一七年三月）には、全四頁中の二頁を超えて、一三名の方からのお便りが掲載された。本書も、今日の教会と社会が直面する問題をめぐる率直な対話の場となり、その交流の場が広げられるために用いられることを切望する。読者の皆様への感謝をこめて。

森野善右衛門

二〇一七年七月二三日　前橋にて

著者　森野善右衛門（もりの・ぜんえもん）
1928年、広島市に生まれる。1945年、旧制高崎中学卒業。1948年、旧制松本高校理科甲類卒業。1953年、広島文理科大学物理学科卒業。1957年、東京神学大学大学院修士課程修了（ボンヘッファーの神学）。日本基督教団信濃町教会、同若草教会牧師を経て、1966-96年、東北学院大学キリスト教学科教員（実践神学）。1971-72年、カナダ・トロントに留学（エキュメニズムと第三世界のキリスト教）。日本基督教団関東教区巡回教師（1996-2017年）を経て、現在引退教師。
著書：『世の光キリスト』（1979）、『他者のための教会』（1980）、『世の命キリスト』（1983）、『使命に生きる教会の建設』（1983）、『派遣される教会』（1988）、『礼拝への招き』（1997）、『教会の告白と実践』（1999）、『小さい者こそ大きい』（2001）、『明日への教会』（2010）、『原子力と人間』（2012）他多数。
訳書：ボンヘッファー『現代キリスト教倫理』（1962）、『告白教会と世界教会』（1968）、『説教と牧会』（1975）他多数。

現代に生きる教会　対話・共生・平和

2017年12月25日　第1版第1刷発行

著　者……森野善右衛門

発行者……小林　望
発行所……株式会社新教出版社
〒162-0814 東京都新宿区新小川町 9-1
電話（代表）03 (3260) 6148
http://www.shinkyo-pb.com
印刷所……株式会社カシヨ

ISBN 978-4-400-33328-9　C1016